RÉVÉLATIONS

SUR

LA PROPAGANDE NAPOLÉONIENNE

FAITE EN 1848 et 1849

POUR SERVIR

A L'HISTOIRE SECRÈTE

DES ÉLECTIONS

DU PRINCE

NAPOLÉON LOUIS BONAPARTE

PAR

ARISTIDE FERRERE

Mon cher Monsieur Ferrere

« Je viendrai vous prendre « ce soir à 7 h. 1|2 pour vous mener dîner « chez Lady Blessington qui desire vous avoir « pour nous feliciter ensemble du résultat « des Elections.

« Recevez de nouveau l'assurance de ma « sincère amitié.

NAPOLÉON LOUIS B.

TURIN 1863.

IMPRIMERIE FALLETTI RUE DE LA BASILIQUE.

RÉVÉLATIONS

SUR

LA PROPAGANDE NAPOLÉONIENNE

Elections du Prince Napoléon Louis Bonaparte

RÉVÉLATIONS

SUR

LA PROPAGANDE NAPOLÉONIENNE

FAITE EN 1848 et 1849

POUR SERVIR

A L'HISTOIRE SECRÈTE

DU RETOUR EN FRANCE

DU PRINCE NAPOLÉON LOUIS BONAPARTE

PAR

ARISTIDE FERRERE

ANCIEN AGENT DES FINANCES D'ESPAGNE A PARIS.
RENVOYÉ, A' LA SUITE D'UN ARRÊT,
DEVANT LA COUR D'ASSISES DU DÉPARTEMENT DE LA SEINE
COMME ACCUSÉ D'ATTENTAT
CONTRE LE GOUVERNEMENT DE LA RÉPUBLIQUE,
ET COMME PRÉVENU
D'AVOIR ÉTÉ LE PROMOTEUR DU MOUVEMENT IMPÉRIALISTE,
DANS LES VILLES ET DANS LES CAMPAGNES.

(Copie)

Mon cher Monsieur Ferrere

« Je viendrai vous prendre
« ce soir à 7 h. 1|2 pour vous mener dîner
« chez Lady Blessington qui desire vous avoir
« pour nous feliciter ensemble du résultat
« des Elections.

« Recevez de nouveau l'assurance de ma
« sincère amitié.

Signé NAPOLÉON LOUIS B.

LETTRE

à mes Amis et Correspondants politiques, des dix sept départements, dans lesquels, j'ai organisé la propagande Napoléonienne.

Messieurs.

Je regrette de ne pouvoir répondre au désir que vous m'avez manifesté, de voir publier l' histoire des élections du Prince Louis Napoléon Bonaparte ; mais, comme il n'est pas juste, que la propagande que vous avez faite, et les preuves de dévouement que vous avez donné au Prince, restent éternellement dans l'oubli, je vous dois, en reconnaissance du concours que j'ai trouvé chez vous, de révéler au public les choses que nous avons faites ensemble.

Ce livre, ne sera pas l' histoire complète, du retour du Prince Louis Napoléon, en France, comme vous eussiez souhaité la voir écrite, mais, il en sera une des pages les plus intéressantes et les plus significatives. La part que vous avez pris au grand événement qui a rappelé de l'éxil le Prince Napoléon Louis et qui lui a rendu sa patrie et le trône, mérite certainement que vos noms et vos actes soient enregistrés, parceque dans cette mémorable circonstance, vous avez été sublimes de dévouement. Intelligence, discrétion, activité, abnégation, fidélité, vous avez eu toutes les vertus et l' on n' a eu connaissance de votre commune action que par la proclamation sur la place de l' hôtel de Ville, en juin 1848, du vote qui a surpris le gouvernement de la République, par l'apparition inattendue sur la scène politique, de l'héritier du trône de Napoléon.

Vous avez été les *premiers* à provoquer le sentiment napoléonien à se faire jour d'une *manière légale ;* les *premiers* à réveiller les sympathies du peuple pour le Neveu de l'Empereur et pour le triomphe de cette idée, vous avez donné votre temps, vos soins, vos peines, et cela tous les jours, à toutes les heures et par tous les moyens que la *loi* mettait à votre disposition. Vous avez organisé une véritable *agitation légale.* Vous n'êtes pas descendu dans les rues, pour crier, casser les vitres et provoquer des troubles, comme d'autres, que tout Paris a vu ; non, c'est avec calme, avec modération et sans vous décourager un seul moment, que vous avez travaillé à cette œuvre longue et difficile. Mes circulaires, que vous répandiez avec persévérance et qui répétaient cent fois la même chose, étaient la goutte d'eau qui creuse la pierre, c'etait la boule de neige qui s'amoncèle en avalanche et brise tous les obstacles sur son passage. Aujourd'hui on convient que la substitution de l'Empire à la République a été un bienfait pour la France, c'est convenir que vous avez vu juste et loin en politique, c'est convenir que vous avez rendu un service immense à votre pays, en propageant l'idée qui a préparée les esprits et les cœurs à ce changement de gouvernement.

Je regrette qu'on ait laissé dans l'oubli et sans récompense vos actes de dévouement et de courage à exhalter les qualités du Prince Louis Napoléon, aujourd'hui Empereur, à une époque, où la majeure partie des hommes d'état se détournaient de lui, et le décriaient;

à une époque où il y avait du mérite à se dire de ses partisants, car beaucoup d'entre vous, ont été poursuivis, tracassés, pour avoir répandu dans les campagnes et parmi les ouvriers, mes circulaires « Qui deman- « daient l'Empire et prêchaient le dévoue- « ment à la famille de Napoléon». (Circulaire incriminée)

L'histoire reprochera aux dépositaires du pouvoir, aux ministres, aux conseillers de l'Empereur, cette insouciance des services rendus à l'État (car par malheur après 89, le Prince peut dire comme le grand Roi, l'État c'est moi!). Et le reproche sera d'autant plus mérité, que ces dignitaires auront accordé de faveurs à leurs parents et amis, qui n'ont rien fait, qui puisse être comparé à votre œuvre. On ne peut mettre en doute la sincérité de ces hauts fonctionnaires, à croire que le retour du Prince en France, n'ait été un bien pour le pays, mais alors, il eut été digne et juste, d'acquitter la dette de la nation envers vous qui avez servi utilement le Prince, que dans votre pensée, vous ne sépariez pas du pays.

Le peuple qui n'a pas de préventions, mais qui a de la mémoire et qui vous a vu à l'œuvre, croit avec raison que vous avez servi *utilement* le Prince, et je crois de mon devoir de fournir des *pièces* et des *documents authentiques* qui *prouvent* d'une manière *incontestable* que l'opinion du peuple *est la vraie*. Vous trouverez ces preuves dans cet ouvrage.

Comme souvenir de nos anciennes rélations politiques, je vous envoie un exemplaire de ce livre. Si ma mémoire m'a fait défaut et que j'aie oublié quelqu'acte à signaler, quelques faits importants à raconter, ou quelque nom à citer, je vous serai reconnaissant de me les rappeler, j'en ferai mention dans la seconde partie de l'ouvrage.

Vous pouvez sans crainte m'envoyer les renseignements que je vous demande, le gouvernement, n'y verra certainement pas d'inconvénient, puisque lui même, a pris l'initiative, par sa circulaire du 3 octobre 1852, qui s'exprime ainsi :

« Le voyage que le Prince Président a « entrepris et qu'il poursuit aux acclamations « de la France entière, est un de ces événe- « ments qui doivent laisser des traces dura- « bles dans le souvenir et le cœur du peuple. « L'acte est si grand par lui même et s'ac- « complit dans des conditions si glorieuses « que tous les faits qui s' y rattachent ont « leur importance ; aussi est-ce un devoir « pour le Gouvernement de les enregistrer « avec la plus scrupuleuse éxactitude et de « s'entourer des documents les plus complèts

« pour écrire et livrer à la mémoire du « peuple, une des plus belles pages de notre « histoire. . . . .

« . . . .

« . . . .

« Mais ce que je vous recommande le « plus spécialement, c'est de me faire con- « naître les noms des maires, conseillers gé- « néraux ou municipaux, fonctionnaires, in- « dustriels, artistes, ouvriers , cultivateurs , « anciens militaires et sans exception de tous « ceux qui auront eu l'honneur d'avoir quel- « ques rapports avec le Prince. Le gouver- » nement tient à ce que le nom d'aucun de » ceux qui ont pris une part, même modeste, « aux événements de ce glorieux voyage ne » soit pas perdu pour l'histoire ; il veut que « tous ces documents pleins d' un interêt » vraiment national forment un tout complet, » qui restera dans chaque département comme

« une des pièces les plus précieuses de ses « archives. »

Certes, on ne peut que féliciter S. Ex. M. le Ministre de l'intérieur d'une aussi belle pensée, mais quelque grand qu'ait été cet événement, il a été précédé par un plus grand encore, *l'élection du mois de juin 1848*. Cette élection, en rendant possible son retour en France, a tiré le Prince Louis Napoléon de l'éxil; elle a relevé son moral, ses espérances, son drapeau; elle est l'origine de sa puissance. Pour être complète et vraie, l'histoire doit donc enregistrer;

1.° Les noms et les actes de ceux qui par une propagande active et secrète ont amené cette première élection du Prince, et ont contribué à la faire réussir.

2.° Les noms et les actes de ceux qui sont venus plustard travailler aux élections de septembre et à celles du 10 décembre.

Enfin les noms des personnes qui, indépendamment d'avoir pris une part active aux élections du Prince ont eu le courage de répandre dans les villes et dans les campagnes mes circulaires incriminées qui attaquaient les institutions républicaines, préconisaient l'empire, et poussaient l'opinion dans ce courant.

Nous avons raconté les faits avec éxactitude et simplicité. Nous les avons écrit avec les sentiments d'amitié et d'admiration que nous avions, à cette époque, pour le Prince Louis Napoléon. De cette manière on pourra mieux apprécier ma conduite, l'approuver, la blâmer, ou l'excuser.

ARISTIDE FERRERE.

INTRODUCTION

Dans la séance du 12 juin, 1862, Mr de Lamartine, membre du Pouvoir éxécutif, s'est exprimé en ces termes:

« Citoyens, une circonstance fatale vient « d'interrompre le discours que j'ai eu l'hon- « neur de prononcer devant vous. Pendant « que je parlais de la reconstitution de l'ordre « et des garanties qu'il faut accorder à l'ordre « et à la liberté, un coup de fusil, plusieurs « coups de fusils ont été tirés. - Un coup a été

« tiré sur le Commandant en chef de la Garde
« nationale, un autre sur un brave officier de
« l'armée et un garde national a été atteint...
« (*profonde sensation*). Ces coups de feu ont
« été tirés au cri de vive l'Empereur Na-
« poléon (*sensation nouvelle et prolongée*).

« Messieurs, c'est la première goutte
« de sang dont ait été tachée notre glorieuse
« révolution de février ; mais hâtons nous
« de le dire à la gloire de la population,
« de la Garde nationale, ce n'est pas par leur
« main qu'elle a été versée (*vive approbation*)
« mais au nom du fanâtisme des souvenirs
« militaires qui transforme involontairement
« peut-être, ceux qu'il anime, en ennemis
« acharnés de la République.

» Cette triste circonstance me force à
« vous lire à l'instant même, alors qu'une
« *faction vient d'être prise à tremper ses*
« *mains* dans le *sang français*, la mesure

« que le Gouvernement croit devoir pren-
« dre ; voici cette mesure.

« La commission du Pouvoir éxécutif vu « l'art. de la loi du 12 janvier 1816 et les « art. 1, 2 et 6 de la loi du 16 avril 1832.

« Considérant que Charles Louis Napo- « léon Bonaparte est compris dans la loi de « 1832 qui éxile du territoire français les « membres de la famille Bonaparte.

« Considérant que s'il a été dérogé de » fait à cette loi par le vôte de l' Assemblée « nationale qui a admis trois membres de « cette famille à faire partie de l' Assemblée, « cette dérogation, toute individuelle, ne s'é- « lève ni de droit, ni de fait, aux autres mem- « bres de cette famille.

« Considérant que la France veut fon- « der en paix et en ordre, le gouvernement « Républicain, sans être troubleé dans cette « œuvre par les prétentions ou les ambitions

« dynastiques, de nature à former des partis « ou des factions dans l'État et par suite á « *fomenter même involontairement des guer-* « *res civiles.*

« Considérant que Charles Louis Napo- « léon Bonaparte a fait deux fois acte de « prétendant en révendiquant une Républi- « que avec un Empereur, c'est-a-dire, une « République dérisoire, au nom du *Senatus* « *consulte* de l'an 13.

« Considérant que des *agitations atten-* « *tatoires à la République populaire* que nous « voulons fonder, compromettantes pour la « sureté des institutions, et pour la paix pu- « blique, se *sont déjà révelées au nom de* « *Charles Louis Napoléon Bonaparte.*

« Considérant que ces *agitations* sym- « ptomes de manœuvres *coupables* pourraient « *acquérir* une *importance dangereuse* à l'é- « tablissement pacifique de la République si

« elles étaient autorisées par l'indulgence, « par la négligeance ou la faiblesse du Gou- « vernement.

« Considérant que le Gouvernemeut ne « peut accepter la responsabilité des *dangers* « *que courait la forme républicaine*, les insti- « tutions et *la paix publique*, s'il manquait au « premier de ses devoirs, en n'éxécutant pas « une loi existante, justifiée plusque jamais, « pendant un temps *indéterminé* par la raison « d'état et le salut public.

Déclare, qu'il fera éxécuter en ce qui concerne Louis Napoléon Bonaparte la loi de 1832. (Vives acclamations de tout part, d'un mouvement unanime, les représentants se lèvent en criant : vive la République !!)

Le citoyens Pierre Bonaparte . . « sou- « venez vous, citoyens, que comme mon père « j'ai toujours été républicain. Si la Répu- « blique était attaquée par les *réactionnaires*

« ou les anarchistes je suis également prêt à » me porter au premier rang où seront les dé» fenseurs de la République, de la République « qui est mon idole, oui mon idole, et « j' aimerai mieux *mourir* que de la *voir* » remplácer par *autre chose*.

Le citoyen Napoléon Bonaparte : « avant » tout, je dois *me joindre aussi énérgiquement* » que possible, aux paroles généreuses et » vraies, qui viennent d' être prononcées » par mon parent. »

On le voit l'accusation est grave, le Pouvoir éxécutif a dénoncé publiquement ceux des amis du Prince à qui l'on attribuait l'élection de juin, comme coupables « d'avoir versé la première goutte de sang « dont ait été tachée la glorieuse révolution « de février ». Et ce qui est douloureux, c'est qu'en récompense de ce que nous fesions pour les Bonaparte, nous avons été traités de *réactionnaires* et d'*anarchistes* par les principaux membres de cette famille.

Ces Princes, si républicains alors, vivent aujourd'hui dans de somptueux palais, avec le faste de l'ancienne Cour, tandis que ceux qui travaillaient à leur élévation et qu'ils traitaient de réactionnaires vivent dans l'oubli et dans le malheur. Et-ce de l'équité ? de la reconnaissance ? — Mais continuons.

Par malheur, l'auteur du coup de fusil, n'a pas été arrêté et aussi longtemps que ce point restera obscur, l'accusation que personne n'a contredite dans l'Assemblée, *pésera plus particulièrement* sur les *organisateurs* et *directeurs* de cette propagande napoléonienne qui a triomphé en juin 1848, et au *premier rang desquels j'étais placé.*

Indépendamment de cette accusation collective, contre les rares et courageux amis du Prince, qui ont fait cette élection, j'ai été *nominativement* dénoncé du haut de la tribune de l'Assemblée législative, comme le *promoteur du mouvement impérialiste dans les campagnes.* Poursuivi par le ministère public, j'ai été renvoyé devant la *cour d'assises* du département de la Seine, à la suite d'un arrêt de la chambre des mises en accusation, comme « prévenu d'avoir par mes circulaires, commis « le délit de *provocation à l'attentat* ayant « pour *but* de *changer* ou de DÉTRUIRE, le *Gou-* « *vernement de la République*, pour lui SUBSTI- » TUER L'EMPIRE » (termes de l'arrêt de la cour.) Le réquisitoire de M.[r] le Procureur Général et les moyens exposés à l'appui d'une demande de *condamnation, pour des actes, qu'il considerait comme un danger, pour la durée du Gouvernement de la République*, resteront dans les archives du tribunal du Département de la Seine, comme une preuve authentique de mon dévouement à la dynastie des Napoléon, à une époque où ce dévouement état rare, parcequ'il y avait danger à le montrer et aucun avantage à en retirer.

J'aurai pu faire du bruit autour de ce procès, attirer la foule et remplir le palais de Justice. Les Bonapartistes y seraient accourus nombreux, si j'avais dit un mot; et à ma place, beaucoup de personnes auraient saisi cette circonstance, pour se donner du relief et jouir des applaudissements du peuple, après l'acquittement. Mais, plus modeste, je me suis contenté des félicitations de Messieurs les jurés, qui sont venus me serrer la main et me demander des exemplaires de mes circulaires de Londres et de celles de Paris. On a *profité* de mon silence, *pour oublier le fait,* on a *profité de l'acquittement*, pour atténuer l'importance *du service*. Cependant, pour avoir été le premier à demander l'Empire et à propager l'idée, j'ai été assis sur le banc des *accusés*, et j'aurais pu être *condamné*, sans le secours de la parole de mon illustre défenseur M.r Chaix d'Est Ange. Je l'en remercie de nouveau. Mais ce que je mentionne avec chagrin, c'est que, mon renvoie devant la Cour d'Assises, et les accusations odieuses qui l'ont précédé et suivi, m'ont frappé dans mon crédit et m'ont aliéné la bienveillance de personnes dont j'ai besoin; mon infatigable activité à servir les prétentions du Prince, est la cause de le rupture de mes relations, avec d'anciens amis d'une opinion différente, et m'a placé dans un isolement complet et mortel. Les malheurs qui en sont naturellement résultés et dont mes enfants souffrent, m'imposent le devoir de donner à ma famille des explications sur ma conduite et sur la part que j'ai pris dans les événements qui ont amené le retour en France, du Prince Napoléon

Louis Bonaparte et son arrivée au pouvoir. Aujourd'hui que la calomnie me poursuit, comme elle poursuivait le Prince Louis Napoléon Bonaparte, lorsqu'il était en exil, je dois avant de quitter cette vie, me défendre surtout de l'accusation : « D'avoir « fomenté la guerre civile et d'avoir par des « *manœuvres coupables* conduit une faction à « tremper ses mains dans le sang Français ».

A mon sentiment, la meilleure manière de démontrer la fausseté de cette accusation, c'est de dire simplement et en peu de mots, *la vérité*, sur la *propagande faite en secret* pour arriver au résultat de cette élection de juin, qui au dire du Prince Napoléon : « a étonné tout le monde, lui tout le premier, et le citoyen Louis Bonaparte lui même ». (séance du 10 juin 1848).

Mais, comment cette élection est-elle survenue ? Qui la amenée ? Qui la conduite ?

Qui en a assuré le succès ? Comment se fait-il que le Prince Louis Napoléon qui vivait retiré à Londres à qui peu de personnes songeaient, dont aucun journal ne parlait, qui n'avait pas eu de voix aux élections d' avril, ait été nommé représentant du peuple, à Paris, sans que ses parents, ses amis et le Gouvernement en aient eu connaissance ?

Voilà ce qu'on cherchait à savoir en 1848, ce que l'on n'a pas su et ce qu'on ne sait pas encore........ Je n'aime pas le bruit, encore moins le scandale, mais dans la position qu'on m'a faite, je crois utile, d'éclairer l'opinion, en jetant du jour, sur cette partie de l'histoire de notre époque, restée obscure jusqu'à présent.

Je ne dirai que la vérité, rien que la vérité sur les faits que je vais raconter. Je garderai le silence sur d'autres, parceque le moment de les faire connaître n'est pas venu ; enfin comme je serai appelé tout naturellement, à faire des comparaisons entre les idées de progrès et de liberté que le Prince émettait à Londres et le gouvernement qu'il a établi à son arrivée á l'Empire, je m'exprimerai avec la modération de langage et les convenances de formes, qui sont dans mes habitudes.

La fatalité a voulu que le coup de fusil tiré sur le commandant de la Garde nationale, aux cris de vive Napoléon, ait été tiré, en avant du groupe oú je me trauvais avec M. de Persigny, qui fut reconnu, poursuivi un moment, suivi toute le soirée et arrêté chez lui, à 3 heures du matin. Mais, après avoir lu les détails que je donne, sur l'emploie de notre temps, dans cette malheureuse journée, on restera convaincu, que n'avons été pour rien, dans cet acte agressif et coupable.

Je repousse donc, de toute la force d'une âme honnête et indignée, le soupçon de complicité qui semble résulter des paroles prononcées par M.[r] De Lamartine à la tribune de l'Assemblée constituante.

J'ai la conscience de ne pas être sorti de la légalité dans la propagande impérialiste que j'ai faite, et pour que le public en juge, je lui soumets mes actes.

CHAPITRE I.er

Sentiment et motifs qui en prévoyance d'événements politiques qui se sont réalisés, me portèrent à aller présenter mes hommages et offrir mes services, à S. A. I. le Prince Napoléon Louis Bonaparte, demeurant King Street, N° 3, S. James à Londres.

Je n'avais pas l'honneur de connaître le Prince Napoléon Louis, lors des tentatives de Strasbourg et de Boulogne. Je ne les ai pas approuvées parcequ'elles étaient faites dans des temps inopportuns, sans la participation du peuple et ne s'appuyaient, que sur des conspirations militaires. C'etait méconnaître les idées de liberté et de progrès, les droits du peuple et la situation du pays, car à chacune de ces époques le gouvernement du Roi Louis Philippe était fort et puissant, il donnait la liberté et la prospérité au pays, et la Garde nationale était entièrement dévouée à la Famille Régnante. Il était donc peu sage, de choisir de pareils moments, pour chercher à renverser le trône et jeter ainsi la France dans le trouble et l'imprévu. On a succombé, on devait succomber.

Cependant, tout en désapprouvant ces attaques, j'étais loin de partager l'opinion défavorable qu'on avait du Prince. Je lisais ses écrits avec l'attention qu'ils méritent, et j'y voyais des idées de progrès réalisables en politique, et des questions de commerce et d'industrie, traitées d'une maniere remarquable. Mes sympathies pour le Prince augmentèrent après une visite faite à Arenenberg en compagnie de ma première femme Félicité, et de mes trois premiers enfants, Aristide, Louis et Felix. Naturellement je m'étais informé de la vie et des occupations du Prince, en entrant, dans les détails les plus minutieux, et j'étais sorti de cette habitation avec des sentiments napoléoniens plus trempés et résolu d'aller au Prince, lorsque je jugerai le moment *opportun*, *et utile pour la France*, comme pour *lui même*.

Ce moment se fit attendre mais il arriva.

En novembre 1846 le Gouvernement du Roi Louis Philippe était violemment attaqué par la presse de Paris et des départements. L'opinion publique réclamait un changement de direction dans la politique vis-à-vis de l'étranger et des réformes dans l'interieur. Le chef du cabinet M.r Guizot avait blessé l'amour propre national, en cédant aux exigeances des puissances étrangères dans la conférence de Londres. Le peuple eut voulu que le Roi s'appuyant sur les germes de nationalité qui existaient en Italie, en Allemagne, en Pologne et un peu partout, en Europe, se fut montré plus ferme, et la nation eut préféré la guerre à cette sorte d'humiliation. Dans cette circonstance, le Roi le plus libéral que la France ait eu, n'a pas compris le sentiment du peuple ni l'intéret de sa dynastie ; car les malheurs peu probables d'un revers, eut consolidé son trône presqu'autant qu'une victoire. M.r Thiers qui a la fibre populaire était dans le vrai. Si on eut suivi ses conseils, le mouvement des esprits qui se fesait dans l'intérieur de la France, se serait porté au dehors ; la guerre eut attiré l'attention générale et réuni tous les partis contre l'étranger ; elle eut jeté un nouvel éclat sur les fils du Roi et les aurait grandi aux yeux et dans le cœur du peuple Français, toujours un peu trop épris de gloire militaire. Certainement si on eut eu la guerre en 1840, les d'Orléans seraint encore sur le trône, mais une coterie a sacrifié à son orgueil et à son amour du pouvoir, la gloire et l'avenir de ces Princes.

Dans les affaires, de l'intérieur, les choses ne marchaient pas mieux; le peuple ne se croyait pas suffisamment représenté, et demandait avec persévérance qu'on conférat le droit électoral à un plus grand nombre de citoyens, et ce même ministère qui refusait une mesure aussi utile, aussi inoffensible, permettait aux journaux d'attaquer chaque matin le Roi, sa famille et les institutions du pays ; enfin, à mon sentiment, le ministère fesait l'inverse de ce qu'il fallait faire. La nation eut préféré la guerre à l'humiliation subie à Londres, on lui donnait la paix à tout prix. Le peuple voulait le suffrage universel, on maintenait le suffrage restreint. On était dégouté de la licence de la presse, on eût voulu la baillonner, le ministre écrivain laissait imprimer toutes les folies. Sous la monarchie, on osait se dire ouvertement républicain ; on représentait sur les théatres des pièces républicaines éxaltées ; on publiait des journaux républicains, on fesait des promenades par groupes de républicains , enfin, comme pour surexciter les esprits et braver l'opinion publique, la chambre des Députés, par l' organe d'un de ses membres , se déclara satisfaite d'un pareil ministère.

Il fallait vraiment être aveugle, pour ne pas voir alors, qu' une nouvelle révolution s'avançait à grand pas.

A cette situation politique pleine de dangers, venait s'ajouter les difficultés du moment. La récolte avait manqué et une quantité considérable de numéraire était sorti de France et d'Angleterre pour acheter des grains; l'escompte était très élevé (10 p. 0[0) et la Banque de France ne s' inspirant que des pensées pusillanimes du Ministre des Finances de cette époque, entravait encore la marche des affaires, en n'escomptant que les signatures des notables banquiers et négociants; aussi le commerce ne marchait pas, les chemins de fer ne se fesaient pas; on criait partout à la corruption, et le peuple qui voyait un Roi agé, irrésolu et pour héritier du trône, un enfant, n'avait plus de confiance et restait passivement dans l'attente de quelque grand événement.

En bon citoyen et en prévoyance des malheurs que je voyais arriver sur la France, je cherchais quel était le nom assez puissant sur les masses pour les calmer et les diriger vers le bien, dans un moment d'effervécence révolutionnaire, et mes sentiments se portèrent vers l'héritier du plus grand nom de notre histoire moderne.

Je l'ai dit, j'avais du Prince, une opinion toute différente de celle des classes élevées de la société, de la bourgeoisie et de la plupart des personnes, que depuis son avénement au trône, le Prince a comblé d'honneurs, de titres, de charges et de dons. Sa témérité à tenter les expéditions de Strasbourg et de Boulogne, sa conduite ferme et prudente en Suisse, son attitude calme et digne à la chambre de Pairs; ses travaux littéraires pendant sa longue captivité et jusqu'à la manière dont son évasion s'était opérée, tout me paraissait avoir attiré sur le Prince l' attention sympatique du peuple. Le moment que j'attendais pour lui me semblait donc venu, et fortement pénétré de cette idée j'envoyais, vers S. A. I. le Prince Louis Napoléon Bonaparte, qui résidait à Londres, M^r^. Walker, Secretaire du Général Ventura, pour prier S. A. de daigner agréer l'expression de mes sentiments du plus profond respect, l'assurance de mon dévouement et l'offre de mes services.

Le Prince daigna accueillir avec bienveillance mon envoyé et pour l'en remercier je m'empressai de me rendre à Londres et d'aller en personne présenter mes hommages à S. A. I. 1847 janvier.

Dès ce moment, je consacrais à la cause napoléonienne tout ce que je possède d'intelligence et d'énergie et sans autre ambition que celle de faire le bien de mon pays, j'ai travaillé à faire triompher les diverses élections du Prince.

La gloire de ce qui s'est accompli appartient au peuple: mon mérite, c'est d'avoir deviné le Prince, à une époque où chacun le calomniait et d'avoir aussi deviné et pressenti les véritables sentiments du peuple au moment où les hommes, qui sont aujourd'hui des personnages politiques, proclamaient bien haut, que le peuple était républicain et qu'il ne voulait que la république.

A les entendre, la France ne jouissait pas d'assez de liberté, sous les d'Orléans, et maintenant que nous n'avons, ni la liberté de la presse, ni la liberté individuelle, ni le juri en matiére de délits politiques, ni le droit de réunion, aujourd'hui que la responsabilité n'est nulle part, que la France est asservie, ces mêmes hommes, qui *cumulent* d'énormes émoluments, trouvent que tout marche fort bien et que le pays est satisfait. Nous croyons que ces grands politiques se trompent aujourd'hui, comme ils se trompaient en 1848. La nouvelle génération qui s'avance, nous dira bientôt, si elle entend abandonner les principes de liberté, qui ont triomphé en 1789 et 1830.

Je restais deux semaines à Londres, et chaque matin j'avais l'honneur d'être reçu par le Prince. Nos entretiens étaient sur la politique du gouvernement de Louis Philippe, sur l'état de l'agriculture, du commerce, de l'industrie, des finances, et sur les moyens d'augmenter le bien-être du peuple et la fortune publique, en donnant par le crédit, la vie et le mouvement, a d'immenses richesses improductives et enfouies dans ce beau pays de France.

Toutes ces questions étaient traitées par le Prince avec concision et clarté et avec une connaissance des matières qui firent impression sur moi et m'attachèrent encore d'avantage à lui.

En politique, le Prince reconnaissait que l'Empereur avait froissé les idées nouvelles, méconnu des vérités, et retardé la liberté ; il regretait certains actes de violence, et sans défendre toutes les actions et les institutions de l'Empire, il les expliquait cependant, et en atténuait le mouvais effet, en prétendant que de tous les Gouvernements qui précédèrent, ou suivirent le Consulat et l'Empire, aucun ne fit, même pendant la paix, pour la prospérité de la France, la millième partie de ce que créa l'Empire pendant la guerre.

Fesant l'application de ses idées, à l'époque dans laquelle nons étions, le Prince pensait, que le pouvoir du Roi Louis Philippe, n'était pas assez respecté dans l' intérieur, ni assez ferme, vis-à-vis de l'étranger; qu'une grande nation comme la France, devait parler moins, et agir d'avantage; que les ministres orateurs étaient un malheur pour le pays, parceque ils s'occupaient plus de leurs discours, que des affaires; que les entreprises industrielles, n'étaient pas assez encouragées et que nos lois des Douanes devaient être revisées; enfin, que d'autres lois que celles éxistentes, devaient préserver la presse de la licence. Il serait trop long d'énumérer tout ce qui se disait dans ces conversations intimes, mais, je crois devoir mentionner, que le Prince aimait à parler du Consulat ; il retraçait d'une manière vive et lucide, les grandes choses que le Général Bonaparte avait fait en peu de temps, et j'avoue qu'en l'entendant glorifier son oncle, de l'ordre qu'il avait introduit dans l'administration en la purgeant de ces hommes sans conscience, ni patriotisme, qui en quelque semaines font des fortunes scandaleuses, j'étais loin de penser que sous son règne, nous verrions surpasser tout ce qui s'est fait de plus cynique en ce genre sous le Directoire; ..à cette époque du moins, les fournisseurs et les faiseurs d'affaires, ne trompaient que le Gouvernement qui pouvait se défendre, mais aujourd'hui, on trompe le peuple, au moyen d'articles et de prospectus mensongers, insérés dans les seuls journaux permis par le Gouvernement et dont les agioteurs se sont rendus propriétaires!!

Sans dévancer le jour, où sera écrite l'histoire des honteux trafics qui ont accompagné la pluspart des grandes entreprises faites sous le règne de Napoléon III, nous ne pouvons nous empêcher de déplorer, que l'exemple de l'agiotage, soit venu du premier établissement de crédit, créé en France, sous le second Empire.

Certes, ce n'est pas ainsi, que le Prince entendait que les choses marcheraient s'il arrivait au pouvoir, tout, dans ses discours fesait prévoir un avenir différent, et ravi du tableau qu'il en fesait, je ne pus m'empêcher de dire au Prince: « Je vois maintenant où

« est le mal, je vois ce qui vous sépare de la « France, ce qui vous ferme les cœurs, vous « *n'êtes pas connu*, ou plutôt vous l'êtes sous « un jour defavorable; on vous juge mal, et « on se trompe; à mon sentiment, la première « chose à faire c'est de vous faire connaître « tel que vous êtes, et non pas tel qu'on vous « a montré. Il est donc indispensable, de pré- « parer favorablement les esprits, avant votre « retour en France, par un acte qui attire « l'attention générale et vous concilie les sym- « pathies du peuple et des commerçants.

« Depuis 1815 le commerce et l'indus- « trie ont éprouvés bien des crises; plusieurs « fois la récolte a manqué et le peuple a « souffert cruellement, et dans les sacrifices « que chacun s'imposait, on n'a pas encore « vu un acte de générosité de la part d'un « membre de votre famille. Aucune grande « industrie n'a été fondée, ni secourue par

« un Bonaparte depuis leur départ de France, « et cependant, les circonstances n'ont pas « manqué, je n'en citerai qu'un exemple, la « crise des manufactures de l'Alsace, en 1825: « si la famille Impériale eut mis à la dispo « sition du commerce de Mulhouse quelques « millions de francs, cette action vous eut » rattaché tout le pays, et sans perdre un « centime, vous auriez trouvé quelques an- « nées après, des partisants qui ne seraient « pas restés les bras croisés. Mon senti- « ment encore est, que le moment est op- « portun pour faire ce qui n'a pas été fait. « Mon envoyé M. Walker a eu l'honneur de « vous faire connaître mes idées et de vous « soumettre un projet de maison de Banque « qui atteindrait certainement le but que « nous nous proposons; et si V. A. I. daigne « me permettre, j'en développerai devant « Elle, l'organisation *ostensible*, qui vous con-

« cilierait le commerce, et l'organisation *oc-*
« *culte*, dont les résultats préparés dans le
« cabinet viendront en temps opportun se-
« conder les vues politiques de V. A. I. »

« Le Prince répondit qu'il avait exa-
« miné la proposition qui lui avait été re-
« mise par mon envoyé et qu'il en *approuvait*
« *le fond*, et il eut la bonté d'ajouter qu'il
« considérerait *comme un service personnel*
« *tout ce qui serait fait ou tenté dans le but*
« *d'éclairer l'opinion de la Bourgeoisie, à son*
« *endroit* ».

C'est alors, que dans un but d'avenir dynastique, et pour préparer les esprits les plus prévenus, j'eus l'honneur de développer au Prince, le projet de fonder en France, *sous son patronage*, une Banque ou comptoir d'escompte de billets à *une signature* pour le petit commerce de détail et pour faciliter aux employés, aux artistes, aux chefs d'atteliers, aux artisants et aux anciens militaires le payement de leur loyer.

Je ne développerai pas ici l'organisation toute politique de cette banque, qui aurait eu des succursales dans chaque chef-lieu d'arrondissement; je dirai seulement que le Prince l'avait approuvée, qu'il en devait être publiquement le Commanditaire et que tous les services d'escompte auraient été rendus en son nom. Par malheur, dans ce moment là, le Prince avait engagé des capitaux dans une opération qu'il ne m'est pas permis de divulguer, et cette circonstance fut un motif pour le Prince, de retarder de quelques mois, disait-il, l'exécution de ce projet, qu'il approuvait complètement.

Huit mois après, en septembre 1847, je me rendis à Londres pour faire connaître au Prince, l'agitation croissante des esprits en France et l'éminence d'une catastrophe.

Le Prince m'écouta, comme c'est son habitude, sans dire une parole, et aux quelques mots qu'il prononça, lorsque j'eus fini d'exposer ma manière d'envisager la situation du pays, qui selon moi était grave, et appelait une attention sérieuse, je m'aperçus que le Prince était *découragé*.

La déplorable issue de son échauffourée de Boulogne et sa longue captivité avaient affaibli sa foi dans le retour de l'Empire. Je ne dis pas que le Prince avait renoncé complètement aux projets d'ambition qu'il avait suivi jusqu'alors avec une rare persévérance, mais, tout en convenant que l'agitation des esprits était grande en France, le Prince ne croyait pas que le torrent révolutionnaire allait nous envahir aussi vite que je le disais, et en supposant que je fusse dans le vrai, le Prince ne voyait pas *comment* on pourrait faire tourner, à son profit, le mouvement populaire.

J'exposais mes idées à ce sujet, mais comme les moyens que je proposais différaient entièrement de ceux employés à Boulogne et à Strasbourg et qu'ils étaient nouveaux pour le Prince, S. A. eut la bonté de m'écouter et après avoir médité, elle me dit: « Le moment n'est pas venu de s'occuper « de ces choses ; créons d'abord notre Ban- « que, nous aurons le temps de la voir « fonctionner, avant que les événements que « vous prévoyez arrivent. — Dans trois mois « je pourrais disposer d'un million, et six « mois après d'un seconde million. — Etez « vous toujours aussi convaincu du résultat»?

J'avouais au Prince que le moment ne me paraissait pas aussi opportun, parceque l'ouverture d'un pareil comptoir avait besoin d'une raison d'être apparente, et que cette raison qui se trouvait dans la crise commerciale et monétaire que nous venions de traverser, était à son terme; que les escompteurs particuliers ouvraient leurs caisses et que la banque de France qui avait diminué le taux de l'escompte, devenait plus large et plus facile dans l'admission des signatures, enfin qu'à mon sentiment les affaires reprendraient en France, sans la *crise politique* que je voyais éminente et qui nous entraînait, je ne dis pas vers un abîme, mais vers une inconnu, que tout le monde redoute et prévoit, sans pouvoir l'empêcher.

Le Prince ne partageait pas mes craintes à l'endroit d'une révolution prochaine, il croyait une durée plus longue au Règne du Roi Louis Philippe et ce fut un grand malheur, car on aurait pu préparer quelque chose, qui certainement, aurait empêché la proclamation de la République.

Cependant ajoutais-je, un comptoir d'escompte fondé par V. A. dans des conditions de facilité très grandes, aurait toujours pour premier effet, de faire parler d'Elle différemment qu'on ne le fait, ensuite, si le Directeur est intelligent et qu'il marche vers le but que nous nous proposons, sans se laisser détourner par la crainte ou les séductions du Pouvoir, il est bien certain qu'on arriverait promptement à grouper autour de votre illustre nom la classe des ouvriers, que les républicains attirent à eux; qu'on créerait dans la Garde nationale un noyau de napoléoniens dévoués, qui dans un moment donné se réuniraient à l'armée dont les sentiments pour le neveu de l'Empereur se réveilleraient en présence d'une révolution ou de la proclamation de tout nouveau Gouvernement.

Je le demande aujourd'hui que serait-il arrivé en février 1848, si cette banque avait fonctionné depuis une année? Si elle avait étendue son action *occulte* sur le commerce *de détail,* sur les chefs d'atteliers, et jusque dans l'armée? Ne pense-t-on pas que la cause du Prince eut trouvé là, un point d'appui et qu'avec la peur qu'inspira l'établissement de la République, un trône aurait pu remplacer un trône?

Nous étions en octobre 1847, cinq mois seulement nous séparaient de la révolution de février; et avant de quitter Londres, j'eus une dernière et longue conversation avec le Prince.

J'avais comme un vague présentiment des malheurs qui allaient arriver en France, et sous cette impression j'exposais de nouveau les raisons qui me fesaient croire et dire au Prince, que les Banquets organisés dans toute la France, ne pouvaient pas manquer que d'amener des troubles graves, et qu'il serait regrettable de n'avoir rien de prêt pour ce moment, et qu'en présence d'une éventualité semblable, je croyais devoir proposer au Prince, de vouloir dévancer l'époque qu'il venait de fixer pour l'ouverture de ce comptoir. Mais le Prince, me répondit comme il l'avait fait quelque jours avant; *nous avons le temps !*

Du reste le Prince se montra ce jour là le plus séduisant des hommes; en l'écoutant parler sur ce qu'il ferait pour la prosperité et la grandeur de la France, s'il arrivait au pouvoir, je ne pus m'empêcher, en prenant congé, de me sentir le cœur pris, et l'imagination exhaltée et c'est sous cette impression que je rentrais à Paris, le 20 octobre 1847.

J'observe qu'à cette époque M. de Persigny et ses amis politiques étaient en prison ou surveillés.

Nous approchions de février 1848 et déjà

les passions révolutionnaires fermentaient en bas, pendant que dans les classes plus élevées, les esprits surexcités cherchaient une solution pacifique aux embarras du Gouvernement. — Les uns, la voyaient dans un changement de ministère, avec une réforme de la loi électorale; d'autres, qui voyaient la faiblesse du Roi, voulaient son abdication et la Régence, avec la Duchesse d'Orleans; les révolutionnaires et les anarchistes, espéraient la République, enfin, les légitimistes, qui se font toujours illusion, considéraient la position, comme trés-favorable au retour de Henri V.

Dans les salons, dans les cercles, dans les cafés, dans les places publiques, on discutait ouvertement la succession au trône du Roi Louis Philippe, comme si ce trône était vaquant, et lorsque aux solutions que chacun présentait, je proposais celle de rappeler le Prince Louis Napoléon Bonaparte, comme héritier du trône de l'Empereur, on se regardait avec étonnement et l'on demandait si j'avais perdu la raison? Je cherchais alors, á éclairer les personnes qui parlaient du Prince sans le connaître, je recontais ce qu'il voulait faire, pour la grandeur et la prospérité de la France, j'affirmais que ce que je disais, je venais de l'entendre de lui même, mais on restait incrédule. — On s'en souvient, l'opinion générale lui était défavorable. — Cependant, j'étais si pénétré de mon sujet, que je finissais par faire admettre, que si le Prince était ce que je disais, son rappel était la meilleure solution et que tout ce qui s'en écarterait serait un malheur pour le pays. C'était peu de chose en comparaison avec les autres opinions qui avaient pour elles le nombre et la qualité et qui marchaient drapeau déployé, mais, c'était un commencement de propagande napoléonienne, et j'avais tellement confiance dans le triomphe de cette cause, que sans me préoccuper du petit nombre de partisants, je disais avec assurance. « Notre drapeau est dans ses plis « et nous ne le déployerons que lorsque nous « serons les plus forts; celà ne tardera « pas, hâtez vous, de vous ranger près du « Prince Louis Napoléon qui est à Lon- « dres. »

Etais-je dans le vrai ? Quel est l'homme politique, Ambassadeur, Ministre, Sénateur ou Député, qui ait vu plus juste et plus loin?

C'est dans les préparatifs que chaque parti fesait, en vue d'une éventualité qu'on croyait éloignée, que la révolution de février vint les surprendre tous.

CHAPITRE II.

Révolution de février 1848. — Lettre du Prince remise par M. de Persigny. — Entente sur la propagande impérialiste, son organisation. — M. de Persigny se déclare républicain. — Sa profession de foi. — Désaccord d' opinion avec lui à ce suiet. —Mon départ pour Madrid.

La révolution ne me surprit pas, je l'attendais ; mais ce qui me surprit, ce fut la proclamation de la République, en présence d'une armée d'élite qui n'en voulait pas, et d'un million de commerçants et d'industriels, qui en avaient horreur !

Les premières œuvres du parti révolutionnaire justifièrent mes craintes et donnèrent raison aux motifs qui m'avaient porté vers le Prince Louis Napoléon, comme le seul capable de nous sauver de l'abîme qui allait nous engloutir. En effet, le pillage et le incendies des chateaux de Neuilly, de Surène et des gares des chemins de fer, furent le prélude de ce que ce parti nous réservait, s'il eut triomphé dans les terribles journées de juin. Une semaine n'était pas écoulée depuis l'établissement de la République, que les atteliers étaient abandonnés, les boutiques fermées, le crédit détruit, le portefeuilles vidés, la propriété et la famille attaqués, les rues de la capitale troublées chaque nuit, et chaque jour, sous le prétexte de démonstrations politiques, et probablement, ces malheurs eussent été épargnés à la France, si le comptoir d'escompte que j'avais proposé au Prince avait été établi; ce comptoir eut été en 1848, ce que la maison Jacques Laffitte à été en 1830, le point de réunion du peuple et de l'armée, et de-là devait sortir, suivant mon sentiment, le rappel du Prince et son élévation au trône. Ce que nous avons vu depuis justifie mes prévisions d'alors.

Le jour même du départ du Roi Louis Philippe, j'eus l'honneur d'écrire au Prince, et pendant la première semaine qui suivit la révolution, je n'ai pas cessé de lui soumettre mes idées sur le parti qu'on pouvait tirer, dans son intérêt, de la crise épouvantable qui frappait à la fois, la finance, le commerce, l'industrie, la propriété, et le rentier; tout le monde souffrait; les pertes étaient considérables, et chacun cherchait le nom ou la main puissante qui pouvait, si non arrêter, du moins diriger le tourrent. Certainement, dans ce moment d'anxiété générale, les commerçants eussent acclamé le Prince, s'il s'était présenté, comme je l'engageai, à le faire, en se fesant précéder d'un manifeste, comme il sait les faire. Il aurait épargné le sang des victimes qui ont péri en juin, et il aurait ravi, au Général Cavaignac, la gloire, d'avoir rétabli l'ordre en France.

Ajoutons, que l'armée blessée dans sa dignité, avait une revanche à prendre de la manière dont elle avait été renvoyée de Paris ; elle était la seule force protectrice contre les désordres ; la population de Paris l'appelait de ses vœux, et avait mis en elle toutes ses espérances. Je l'écrivais au Prince, et quelques jours après, un fait vint confirmer mon opinion ; le premier régiment qui rentra à Paris, fut réçu aux acclamations des habitans. Donc, de ce cotè, le Prince n'eut encore trouvé ques des partisants.

Mais, demandera-t-on — Que fesait le Prince? — Comment lui, qui à eu la témérité de faire les tentatives de Strasbourg et de

Boulogne n'a-t-il pas essayé de se servir de l'armée dans un moment aussi opportun?

Par malheur, le Prince était découragé; il ne croyait pas au souvenir du peuple, ni à celui de l'armée, et ce qui fut plus malheureux encore, il fut *mal conseillé*. Ses amis sortaient de prison, ils y avaient subi une longue détention; ils étaient étrangers aux affaires et au monde; ils ne connaissaient presque personne, et sans lien avec le commerce et l'industrie, ils ne voyaient que très superficiellement, le mal que l'établissement de la République fesait; la révolution les avait délivrés et naturellement, ils remerciaient le Gouvernement, qui leur avait donné la liberté.

Le Prince ne répondit à aucune de mes lettres, et se laissa entrainer dans le courant des idées républicaines de ses amis. Il vint à Paris, et se présenta à l'hotel de ville, aux membres du Gouvernement provisoire, pour prêter *serment* de *Fidélité* à la République, *dont il ne voulait pas.* Puis sur l' injonction qui lui fut faite il repartit le jour même pour Londres, sans avoir le temps de voir personne.

Cette démarche du Prince rendue publique le lendemain, me surprit et me chagrina ; ajoutons qu'elle confirma dans les hommes d'ordres, l'opinion malheureusement peu favorable, qu'ils avaient du Prince.

Je ne pus m' empêcher d'exprimer à S. A. I. le mouvais effet produit par sa présence à l'hotel de Ville et par le *serment volontaire* qu'il était aller prêter, comme citoyen, à la République ; le résultat de cette démarche, pouvait si non effacer du moins refroidir, les sentiments du peuple pour sa *dynastie*, au moment même, où de *son consentement*, nous cherchions à réveiller ce sentiment. — Si le Prince a conservé les lettres que j'avais l'honneur de lui adresser à cette époque, et qu'il daigne les relire, il trouvera que mon opinion d'alors est conforme à celle que j'exprime aujourd'hui.

Ensuite, c'était un mouvais exemple, et il ne devait pas venir de si Haut. Que pense-t-il du serment, aujourd'hui qu'on le prête à Napoleon III ? N'en proclame-t-il pas, la sainteté ?

Peu de jours après, *le 15 mars 1848*, à 7 heures de matin, mon valet de chambre me remit la lettre, dont voici copie.

» Londres le 12 Mars 1848

« Monsieur,

« J'ai attendu le départ de votre frère « pour vous remercier des nouvelles que vous « m'avez envoyé, ainsi que de l'intérêt que « vous prenez à tout ce qui me touche. Si j'é-

« tais resté plus long temps à Paris, j'aurais « été charmé de vous revoir. Je vous adresse « aujourd'hui un de mes amis intimes, M. « de Persigny, avec le quel je serai heureux « que vous causiez sur ce qui nous inté- « resse tous également.

« Recevez, Monsieur, la nouvelle assu- « rance du mes sentiments déstingués

Signè NAPOLEON LOUIS B.

Remarquons d'abord, que dans cette lettre écrite de Londres le *12 mars,* peu de jours après son *serment* à l' hotel de Ville, le Prince me remercie des nouvelles, que je lui ai envoyé, et dit, qu'il aurait été *charmé de me revoir*. Donc, j'avais dejà vu le Prince, et mes nouvelles devaient être de quelque interêt, pour mériter ses remerciments.

Continuons —

Je m'empressais de me lever, et d'aller recevoir Mr de Persigny, avec les dispositions de cœur et d'esprit que méritait la recommandation du Prince, et j'ajoute bien vite, que les manières distinguées et les formes de langage de M. de Persigny me séduisirent.

Après les salutations et les compliments d'usage, la conversation commença. Je dis à M. de Persigny: « Par sentiment et par « raison, je me range au nombre des pro- « moteurs du rétablissement de l'Empire, « parceque la France industrielle et commer- « çante, ne veut pas du Gouvernement Ré- « publicain, qui ne présente aucune sécurité, « ni dans le présent ni dans l'avenir ; vous le « voyez, la désorganisation est partout, le « travail a cessé complètement, et comme il « faut manger, le jour où les petites écono- « mies seront épuisées, il y aura une crise

« terrible, et sanglante. — C'est donc, dans « l'intérêt de la France, qui est aussi celui « de la Dynastie des Napoléon que nous « sommes invités par le Prince, á *causer*. « Pour le faire avec fruit nous devons cher- « cher à *renverser* le frêle pouvoir qui s'est « élevé il y a 15 jours et à lui *substituer* un « Gouvernement fort et stable. Maintenant « j'écoute avec attention votre opinion sur « les moyens à employer pour arriver a « réaliser nos vœux les plus chers. —

La réponse de M. de Persigny, laissa beaucoup à desirer, elle ne répondit pas à mes sentiments et à mes vœux. Je la résume en deux mots; M. de Persigny croyait à la durée de la République. Pour connaître jusqu'où nos opinions différaient, sur ce point, qui était la base de l'édifice à élever, je fis connaître à M. de Persigny que j'avais exprimé au Prince le sentiment pénible que j'avais ressenti en apprenant par les journaux sa visite à l'hotel de Ville, ajoutant: « Mon « opinion est, que le Prince ne réussira pas « en s'appuyant de ce côté, nous sommes « débordés par les révolutionnaires, et dans « ce moment, un peu *d'aristocratie* ne ferait « pas de mal. Le Prince a tout ce qu'il faut « pour mitiger la position. Il ne faut donc pas « qu'on puisse supposer, lorsque cela n'est « pas, que le Prince penche du côté où est le « danger, du côté de ces doctrines abomina- « bles que l'on prêche au Luxembourg. Vous « et moi, nous voulons le salut de cette so- « ciété contre laquelle on s'acharne, et bien, « nous devons nous entendre pour conseiller « au Prince, de ne plus faire de démarches « du côté des révolutionnaires, je vais plus « loin, il doit faire en sorte, de n'en voir « aucun à Londres ».

A cette déclaration si franche M. de Persigny sortit un peu de la réserve, il m'assura qu'il avait la même manière de voir, mais qu'il croyait une durée beaucoup plus longue que je ne le supposais au gouvernement de la République.

Au doute de ses réponses je vis clairerement que la captivité avait agi sur ses idées et avait considérablement refroidi sa foi dans le rétablissement de l'empire. Quelques jours plustard j'en eus la preuve, on la trouvera plus loin dans sa circulaire.

Voulant pénétrer plus avant dans les sentiments de M.r de Persigny, je quittais la conversation sur la politique générale et fesant l'application du texte même de la lettre du Prince, je dis en la montrant :

« Le Prince vous présente comme son « intime ami et me charge de causer avec « vous *sur tout ce qui nous intéresse également* ». Je le répète, pour le faire avec fruit, il est nécessaire que je connaisse de quelle manière le Prince entend arriver en France, c'est-à-dire, au *Pouvoir*. — Avez vous un plan arrêté? — Le Prince veut-il, renouvelant Strasbourg, se servir de l'armée? — Ou bien, le Prince veut-il essayer d'arriver par l'élection? —

A mon sentiment le plus sûr, serait de réunir ces deux moyens en commençant par s'assurer les suffrages du peuple, parce-que l'armée suivra le mouvement mais ne le dévancera pas, et n'agira pas sans le peuple, ou de moins sans être assurée de son approbation; ajoutant, si vous aviez eu la Garde Nationale pour vous à Strasbourg, vous auriez eu beaucoup plus de chances de réussite. Le verdict prononcé par le jury le prouve.

Mais en ce moment, quelles sont les intentions du Prince et en quoi puis-je servir sa cause?

M.r de Persigny répondit : « Le Prince « a renoncé au moyen d'arriver par l'armée « et n'a pas foi dans le suffrage universel, « aussi nous a-t-il recommandé, très ex- « pressement de ne pas mettre sa candida- « ture en avant, et surtout de ne pas la po- « ser, car, selon lui, ce serait éprouver un « échec ». Vous le voyez, nous n'avons aucun plan d'arrêté.— La révolution est venue nous surprendre, pendant que nous étions séparés, car, il y a trois semaines que j'étais encore en prison ; c'est précisement parceque tout est à créer, que le Prince m'adresse à vous, afin qu'à nous deux nous combinions un projet, que nous soumetterions au Prince.

Je demandais à M.r de Persigny, s'il n'y avait pas, entre le Prince et nous, quelque personne qui put entraver nos desseins, soit en nous empêchant de marcher comme nous l'aurions décidé, soit en fesant changer notre plan une fois arrêté et adopté par le Prince ? —

Mr de Persigny me donna l'assurance que le Prince ne donnait en ce moment sa confiance à personne autre qu'à nous deux, et que si notre projet était approuvé par le Prince, personne que nous n'en aurait la direction.

Le temps a confirmé le dire de M. de Persigny, comme nous le verrons plutard et par l'aveu fait à la tribune, par le Prince Napoléon, et par les faits accomplis, et par la lettre que le Prince me fit l'honneur de m'adresser.

Rassuré sur ce point important, j'émis l'opinion, que la première chose était « De « faire des partisants au Prince dans toutes « les classes de la société, de réveiller le sen- « timent napoléonien non seulement dans les

« campagnes où il n'était pas éteint, mais « aussi parmi les ouvriers et principalement « dans la bourgeoisie, qui avait de fortes « préventions contre sa personne, et contre « la dynastie des Napoléon. Que la situation « était excellente pour réussir, parceque les « classes moyennes étaient très mécontentes, « qu'elles ne souhaitaient que de se déba- « rasser de la République, et qu'elles se ra- « lieraient au Prince, si nous le présentions « comme l'homme assez fort, pour contenir « les révolutionnaires, et donner la paix, « l'ordre et la tranquillité au pays ».

« Qu'une fois ce résultat obtenu, l'armée « serait fière et contente de suivre le mou- « vement, et qu'il ne foudra que le cris de « Vive Napoléon Empereur, pour que l'armée « le repète avec entousiasme, parcequ'elle se « sentirait appuyée, par tout ce qui possède « quelque chose en France, et que cette fois,

« le Prince ne viendrait pas, pour renverser « un trône, qui n'était pas sans éclat, et qui « avait de nombreux partisants, mais pour « renverser un gouvernement déplorable, « et le remplacer, par un gouvernement « fort et stable ».

« Quant au moyen, la République nous le « fournissait ; le suffrage universel était une « *arme légale* que nous pouvions faire tour- « ner contre le Gouvernement, et du mo- « ment qu'il était manifeste, pour nous deux, « que le nom de Napoléon était au fond du « cœur du peuple, il n'y avait qu'à réveil- « ler ce sentiment, par une propagande sui- « vie avec persévérance et courage ».

« Que le Prince n'avait pas à interve- « nir personnellement dans la lutte, que « possédant sa confiance, cela suffisait « pour *agir et parler en son nom.* »

M. de Persigny partagea ces idées, et

avant de nous séparer, il fut entendu, qu'il ferait connaître au Prince, ce qui avait été dit et convenu, dans cette conversation, et que, si le Prince approuvait notre projet, il nous fournirait les moyens de le mettre à éxécution, en nous envoyant de l'argent, et en nous autorisant, à dire et à écrire, que le Prince Louis Napoléon, aimait et voulait la paix, qu'il serait le conciliateur entre les partis, la main ferme et puissante qui terrasserait l'anarchie, le protecteur éclairé du commerce et de l'industrie, en ajoutant à nos intimes et aux connaissances qui vaudraient nous aider dans la propagande, que le Prince serait reconnaissant de ce qu'on ferait pour lui, et qu'à son arrivée au pouvoir, il récompenserait largement ses partisants, et s'en ferait un rampart. Le Prince donna son consentement à tout, promit tout, et nous laissa dire, écrire et faire en son nom.

Voilà l'origine de cette propagande électorale qui a si bien réussi. C'est la base de l'édifice qu'on a vu s'élever. Le plan en fut arrêté entre M. de Persigny et moi, dans mon cabinet rue du Faubourg S.t Honoré N°. 154, et à la suite de cette entente, le mouvement fut donné, et chacun de nous agit dans le cercle de ses rélations, pour réveiller les sympathies du peuple pour le Prince Louis Napoléon, et pour lui créer des partisants dans la bourgeoisie en réfutant hautement et avec autant de persévérance qu' on mettoit à les répandre, les odieux mensonges, qu'on colportait dans les villes et dans les compagnes.

Remarquons que nous étions au 16 mars 1848, c'est à dire, 18 jours après la proclamation de la République, et il est de notoriété publique, qu'à cette époque le Prince était complètement abandonné, personne ne prononçait son nom, aucun organe de la presse de Paris, ni des Départements, ne s'entretenait de lui, et pendant que les républicains, les orléanistes et les légitimistes, élevaient leur drapeau en présence des élections, le drapeau de Prince ne se voyait nulle part. — Je le demande, où était-il? — Dans le cœur du peuple, sans doute. — Mais qui l'en a retiré? — La propagande ou agitation que nous avons organisé dans les villes et dans les compagnes.

Après être convenu que nous n'emploirions que les voies légales pour miner et renverser le Gouvernement de la république, et lui substituer l'Empire, je demandais à M. de Persigny de me désigner les personnes sur lesquelles le Prince pouvait compter à Paris et dans les départements, pour propager l'idée napoléonienne, et mettre à exécution notre projet de faire arriver le

Prince à l'Empire, par des élections successives.

M. de Persigny se recueillit et aprés un moment d'hésitation, il répondit : « Qu'il « n'avait personne dans les départements « et qu'à Paris même, le nombre des per- « sonnes dévouées au Prince et qui ose- « raient se mettre en avant, n'etait pas « grand ». —

« Mais, dis-je, il importe que je connaisse vos forces, afin de nous entendre pour les réunir aux miennes et les diriger avec ensemble, vers le même but ». —

C'est alors qu'il me promit, de me remettre le soir même la liste, des personnes, sur lesquelles le Prince pouvait compter *dans ce moment là*.

De mon côté, dis-je à M. de Persigny: « J'ai « eu des rélations d'affaires assez étendues, « j'écrirai à mes correspondants des dépar-

« tements. De cette manière nous pourrons « propager l'idée au déhors de Paris, Quant « à Paris, ma famille y est établie depuis « cinquante ans, et depuis vingt ans j'y ai « un ménage ; par conséquent, j'ai sous la « main, un puissant moyen d'action et j'ai « la confiance de réussir à faire des parti- « sants au Prince, en présentant son retour « en France comme devant satisfaire les in- « térêts et les opinions des personnes aux- « quelles je m'adresserai ».

Le lendemain matin M.r de Persigny me remit, écrite de sa main, la liste des amis sur lesquels le Prince pouvait compter pour faire de la propagande.

J'ai conservé ce papier comme une pièce intéressante pour l'histoire. — La voici :

M.r Paussez, 14, rue de l'Ecluse à Batignole

M.r Temblaire 56, r. N.ve des Petits Champs.

Mr Bésuchet de Saunois, 14 r. grange Bateroère.

M.[r] Le Général Sourd, 14, r. d'Alger

M.[r] Le Colonel Laborde 4, r. Ventimille.

Madame Gordon 57, r. de Provence.

M.[r] Le Général Montholon 12, r. Castellane

Mr Piétri 319, r. S-t-Honoré

Mr Pierre Bonaparte 9, r. de Vernueil.

Mr Napoléon Bonaparte r. d'Alger.

Mr Chalot r. S. Antoine 76.

Mr Dupont, Marchand de Tabac r. Faubourg. S. t-Honoré.

Mr Thelin Débit de Tabac r. Geoffroi Marie

M.[r] Clapier, Tapissier 59, r. Hauteville.

M.[r] Forestier 32, r. Louis le Grand.

M.[r] Ornano 37, r. Truffaud Batignolles.

M.[r] Lebrugal charbonnier 14, r. Braque.

M.[r] Archambaud 12, r. Rond point de l'Etoile.

M.[r] Broulle Tailleur de pièrre, 96, Av. des champs Elirées.

M.[r] Holtier, M[d] de bois à Montmartre près le cimitier.

Mr Devaux, Bottier, passage des Panoramas.

Mr Coffier fab.^e de piano 86, r. S. Antoine.

Le Comte, Commandant des Vieux de la Vieille r. Michaudière

.... M^d de bois à Belleville.

Je ne voulus pas manifester à M. de Persigny la fâcheuse impression que m'avait causé tout dabord, la lecture de cette liste, sur la quelle je voyais assemblé les noms de personnes, dont les positions, les intelligences étaient si différentes, et qui en somme, ne pouvaient avoir qu'une influence bien limitée sur les électeurs, puisque par leurs rélations, elles ne se rattachaient ni au commerce, ni à l'industrie, ni à l'agriculture, ni à la finance, ni aux lettres, ni à l'armée, ni même à la politique. =

Je demandais à M. de Persigny: « Sont-ce là, tous les amis sur lesquels le Prince peut compter? Il me répondit: « Oui, car « on ne doit attendre aucun concours de « quelques autres personnes, qui comme le « Duc de Padoue, tiennent leurs portes fer- « mées, de peur de se compromettre en ce « moment ».

Mais, comment dis-je à M. de Persigny, ne pas chercher à ralier à la cause, du Prince, quelques autres grands noms de l'Empire? tels que M. le Prince de la Moskowa et M. le Comte de Morny? — Des rélations d'affaires que j'ai eues avec ces Messieurs, me permettent de leur faire une ouverture. Voulez vous que j'aille leur faire visite? — Gardez vous en bien, me répondit M. de Persigny, vous déplairiez au Prince.—

Quelques mois après, étant à Londres, j'eus l'occasion de reconnaître l'exactitude de ce qu'avançait M. de Persigny, et l'on verra dans la seconde partie de l'ouvrage, combien le Prince était éloigné, des personnes qui sont près de lui aujourd'hui, et le mouvais accueil que reçut la proposition que je fis d'aller vers elles.

Mais au moins, pour ce que nous allons entreprendre, pouvons nous compter sur les deux cousins du Prince, que vous avez mis sur la liste, et puis-je aller m'en entendre avec eux? — M. de Persigny répondit, qu'il les avait désignés, parceque *plutard,* ces deux Princes pouvaient être utiles, mais qu'ils devaient ignorer complètement, ce que nous combinions avec le Prince, et tout ce que nous fesions. — Que ce serait éveiller l'attention *du Gouvernement que d'initier plusieurs personnes dans notre entreprise.* — Enfin que le Prince voulait que l'affaire restal *secrète.* — Ceci explique la déclaration du Prince Napoléon a la tribune; il a dit en parlant de la nomination du Prince Louis Bonaparte.

« Le citoyen Louis Bonaparte est resté « parfaitement tranquille à Londres, *étranger « à tout ce qui c'est fait en son nom* depuis « quelques jours. — On lui a demandé s'il « voulait se mettre sur les rangs pour la « représentation, il a repondu *non.* — Aux « réelections se sont des amis, qui ont mis « son nom en avant, deux jours avant l'opé- « ration ; mais, il n'a nullement sollicité cet « honneur ; ce n'est pas, croyez le, une « disculpation que je fais là, car je vous « déclare que je l'aurais *nommé moi même.* « — Son élection a *étonné tout le monde*, « *moi tout le premier et le citoyen Bonaparte* « *lui même* ».

En retranchant ces deux noms, la liste est réduite à un bien petit nombre de personnes, dis-je, à M. de Persigny, et j'ai besoin de refléchir. Veuillez, je vous prie, revenir ce soir, ou demain matin vers huit heures, et nous reprendrons l'entretien.

On comprend facilement qu'au commencement de mars 1848, lorsque tout était à *créer dans l'intérêt du Prince*, ces personnes qui, à l'exception de M. de Persigny, m'étaient toutes inconnues, ne pouvaint m'offrir le concours puissant que je cherchais, avant d'entrer dans la lutte électorale.

Plus, je relisais cette liste, noms, professions et adresses, plus, mes méditations devenaient sérieuses. Es-ce donc là, me disai-je toute la force du parti bonapartiste ? — Es-ce, sur cet appui, que le Prince compte, pour arriver à l'empire ? — Sont-ce là, toutes les sommités de son parti ? — Je commence à voir clair et à comprendre enfin, les échecs successifs, de Strasbourg et de Boulogne.

La question qui revenait sans cesse à

mon esprit était celle-ci : Dois-je avec une concours aussi faible, continuer à marcher dans la voie, dans laquelle je suis entré ? — Quoiqu'on en puisse dire *aujourd'hui*, il y avait témérité, danger même, à se lancer dans la tentative de réveiller par une propagande constante, le sentiment napoléonien, en compagnie de quelques personnes dont le *fanatisme militaire*, pouvait chaque jour nous compromettre. Il fallait avoir plus que du courage, il fallait du dévouement pour oser entrer dans une pareille entreprise, avec des auxiliaires *aussi exaltés*. Et bien, j'ai eu ce courage, ce dévouement, et à force de persévérance j'ai trouvé des amis qui m'ont écouté, puis, qui m'ont secondé.

M. de Persigny vint me voir le lendemain matin, et après les salutations d'usage, la conversation de la veille fut reprise.

« Vous admettez, dis-je à M. de Persigny,

« que le Gouvernement Provisoire n'a pas « de force dans le pays, qu'il est débordé « par les rouges, et par les bourboniens; « donc, pour se maintenir, il va se trouver « dans la nécessité d'employer , dans cer» taines circonstances, les moyens extrèmes, « et comme nous allons devenir, des agita« teurs dangereux pour son existence, nous « serons les premiers, surveillés et tracassés. « Je compte sur votre habileté et sur votre « prudence, pour ne pas sortir des voies « légales, qui grace au suffrage universel , « nous suffisent, pour sortir triomphants, de « la lutte que nous allons engager contre le « Gouvernement de la République.

« Mais, je ne suis pas aussi rassuré, à « l'endroit des *Vieux de la Vieille*, dont les « noms sont sur la liste que vous m' avez « remis hier. Leurs propos , leurs cris , « peuvent compromettre involontairement le

« succès, et je désirerais avoir quelques « renseignements qui me tranquilisent ».

« M. de Persigny me donna l'assurance « qu'il était maître de ce noyau de Napo- « léoniens et après des explications satisfai- « santes, il fut entendu que M. de Persigny, « tout seul, prendrait la direction de ce per- « sonnel Bonapartiste. Je n'ai été en rapport « avec aucun de ces messieurs, c'est M. de « Persigny seul, je le répète, qui leur donnait « les instructions et les conduisait.

Tranquille de ce côté, je priai M. de Persigny de rapporter au Prince : « Que je reconnaissais m'être fait illusion, et sur la conduite des anciens dignitaires de l'empire, que je pensais voir rallié à la cause du Prince aussitôt après la chute du Roi Louis Philippe, et sur le nombre de ses partisants. — Que, disons le mot, l'*isolement* dans lequel se trouvait le Prince ne me décourageait pas, qu'il ne fesait que rendre plus vifs encore, les sentiments que j'avais pour lui, et que loin d'être comme pour bien d'autres, une cause d'abstention, je regardais cette situation, comme un bonheur, puisqu'elle me fournissait l'occasion de lui montrer ma fidélité, dans un moment difficile. — J'ai promis mon concours à la cause du Prince, je tiendrai ma parole, sans que rien puisse me détourner de la voie dans laquelle j'entre et je ne quitterai la partie que lorsque le Prince sera nommé Empereur. Alors, ma tâche sera finie, mes devoirs remplis, et ce sera au Prince à me retenir près de lui, s'il n'aime mieux, appeler les anciens grands dignitaires du premier Empire ».

« Ce serait faire injure au Prince que de « douter de sa reconnaissance, me répondit « M.r de Persigny, si le Prince arrive au pou-

« voir, il fera votre fortune, comme il fera « la mienne. — Par malheur, ce jour n'est pas « encore arrivé, répondis-je, mais, du mo- « ment que les paroles que j'ai prononcées, « ont un sens que je n'ai pas voulu leur « donner, je les retire. — Je suis comme « vous, je crois que le Prince possède un « noble cœur et que dans sa reconnaissance « pour les services qu'on lui aura rendu, il « saura se montrer, grand, généreux et « magnanime ». —

« Je vous prie, de mander au Prince, « que demain, je réunis chez moi, mes four- « nisseurs, que je m'assurerai, en secret, de « leur vôte, et de leur concours à propager « l'idée napoléonienne ». — C'est ainsi que se termina notre entrevue.

En lisant la liste des Bonapartistes militants, sur lesquels, le Prince pouvait compter, en Mars 1848, on s'ètonnera, avec juste raison, de ne pas voir figurer sur cette liste, les noms de certaines personnes, qui à une époque antérieure, avaient donné des preuves de dévouement, et que depuis son avénement à l'empire, le Prince a comblés de faveurs. — Mr de Persigny peut seul, donner la raison de cette exclusion, cependant, je dois à la vérité de dire, ce que je sais.

Plusieurs de ces personnes que l'on croit avoir été constamment fidèles à la cause personnelle du Prince, avaient abandonné le drapeau Napoléonien pour servir sous celui des d'Orleans; d'autres servaient, dans ce moment même, la république avec ardeur et toutes *s'abstenaient* ou s'éloignaient du Prince. — En veut-on la preuve? — Qu'on lise ces quelques lignes extraites d'une lettre écrite par un officier supérieur, en *activité* sous la république, ancien ami du Prince et son compagnon d'infortune dans les tentatives de Boulogne et de Strasbourg . .

« . . . .

« . . . . Puissent les amis du « Prince ne jamais se répentir de l' avoir « poussé dans une voie qui paraitrait réser- « ver des prétentions, quand tout le monde « devrait être Républicain et concourir à « consolider ce que nous a couté si cher

. . . . , ...

. . . .

. . . Vous comprendrez les raisons qui « me font prendre ces précautions, je veux « éviter , *de près comme de loin* , d'avoir « même *l' apparence de me mêler à aucune* « *combinaison que je n' approuve pas* , et « vous pourriez être exposé à quelque vi- « sites peu agréables. C'est pourquoi etc. »

Voilà ce qui explique l' absence sur cette liste des personnes que l'on voit aujourd'hui placées près de l'Empereur, ou appelées à des hautes fonctions. les raisons alléguées peuvent être différentes, mais le résultat a été le même, *l'abstention*.

Ces personnes qui ont agi si prudemment ont été recompensées, c'est très bien, mais où en seraient les choses de l'Empire si d'autres amis du Prince, qu'on a *mis de côté*, avaient été aussi prudents et fussent resté sans rien dire, sans rien faire? — Ce n'est pas en se croisant les bras, et en restant dans l'expectative qu'on a fait la première élection du Prince, celle qui l'a rappelé de l'exil. — Du reste, on pourra mieux en juger, en donnant quelques détails, sur la manière dont j'avais organisé l'agitation Bonapartiste dans le cercle de mes rélations. Je laisse à M. de Persigny à raconter ce qu'il a fait de son côté.

Au moment de la révolution de février

1848 , la maison que j'habitais, rue du faubourg S.t Honoré, N.° 134, était occupée par trois personnes, M. le Comte de Pambrocke, M. Blunt et moi.

Aussitôt après la révolution M. le Comte Pambrocke était retourné en Angleterre, et la maison Ch.e Laffitte et Blunt ayant manqué, M. Blunt s'était retiré avec sa famille a St. Germain. Je crus indispensable, au succès de la propagande que j'allais entreprendre, d'éloigner ma famille et de rester seul à Paris. Je louais une maison de campagne à Chantilly et j'y conduisis ma famille.

Devenu libre, et vivant en garçon, je pouvais à tout heure du jour et de la nuit, recevoir du monde chez moi, sans craindre la moindre indiscretion de la part des domestiques, ou des enfants. Tranquille de ce côté, je mandais tous mes fournisseurs sans exception, et l'épicier, le boucher, le boulanger, le bottier, le marchand de volaille, comme le tailleur, le confiseur, le marchand de nouveautés, le marchand de bois, le charbonnier, le porteur d'eau, furent mandés et vinrent tour à tour me voir.

Questionné sur le commerce qu'ils fesaient, tous déplorèrent le chagement qui venait d'avoir lieu dans le Gouvernement et qui avait réduit leur vente de plus des cinq sixièmes et qui ne leur laissait en perspective que la ruine. — Chacun a fait comme vous, me dirent-ils, on a fermé la cuisine et le salon, on est parti et Dieu sait, lorsqu'on reviendra. — Voyez votre maison, il y a un mois, donnait des fêtes et des dîners, aujourd'hui elle n'est plus habitée, et bien partout, c'est la même chose.

Alors, je leur demandais s'ils consentiraient à me seconder dans une entreprise, qui avait pour objet, de mettre fin à leur souffrance, en changeant l'état des choses. — Que je ne demandais pas de faire des émeutes, de prendre les armes, ni de faire aucune démonstration en public, mais seulement, de déposer, dans l'urne électorale, sans dire mot à personnes, le nom le plus illustre du siècle, celui qui était le plus cher au peuple, enfin, celui du Prince Louis Napoléon, fils de la Reine Hortence, et petit fils de l'Impératrice Josephine, qu'on avait tant aimé en France. — J'ajoutais bien vite (ce qui n'était pas vrai, mais ce dont nous étions convenu avec M. de Persigny de dire bien *haut* et sur tout *au peuple*). Que le Prince possedait une fortune immense, que l'héritage que son père lui avait laissé, dépassait 50 millions, qu'il avait pour lui l'armée, qui était hors de Paris et que le succès de son entreprise, était assurée, et qu'aussitôt après son retour en France, l'Empire serait rétabli et qu'on les récompenserait en les nommant, fournisseurs de la maison de l'Empereur. — Qu'en définitif, je ne leur demandais qu'un *vote secret*, et qu'ils n'y aurait qu'eux et moi, qui seraient dans la confidence, que par conséquent, ils n'avaient rien à craindre. — Présenté de cette maniere, tous les fournisseurs promirent du vôter pour le Prince, au moment venu.

Après avoir obtenu la promesse de voter pour le Prince, je leur fis en confidence la fable, que de son côté M. de Persigny fesait à son monde, à savoir, qu'il y avait un plan sérieux et que tout s'aprêtait pour l'arrivée prochaine du Prince, à la tête de plusieurs régiments, ajoutant, sans avoir l'air d'y tenir, que je les laissais libres de parler du Prince à leurs connaissances et même de faire pressentir son retour prochain aux Tuileries

Naturellement, les tentatives de Strasbourg et de Boulogne, étaient des précédents qui donnaient créance à la fable, que nous débitions, et nous servaient à merveille. — Mais je n'aurait cru rien faire, si je m'étais arrêté là. — Aussi dans le même moment, je propageais l' idée napoléonienne dans d'autres classes de la société.

Je fis venir un nommé Toussaint qui avait servi chez M. le Comte de La V. G., et qui après avoir fait un mariage, riche pour sa position, spéculait à la bourse, et se trouvait être un des chefs de cette foule de petits spéculateurs au comptant. Un grand nombre de domestiques en service et retirés, lui confiaient la gestion de leur fonds, et dans cette position, il était parfaitement placé, pour faire de la propagande, dans cette nombreuse classe d'individus, et je dois dire, qu'il s'en aquitta utilement. Je lui avais promis une récompense, comme à bien d'autres, et lorsque je l'ai demandée, on n'a pas répondu.

En montant l'échelle sociale et sans sortir de la bourse, je mits dans nos intérêts M. Renou, homme de mérite, qui s'exprimait avec une facilité entrainante, et qui connaissait beaucoup de monde, par suite de l'état de courtier en fonds publics, qu'il exerçait à la coulisse, depuis vingt ans. = Je me plais à reconnaître qu'il a été très utile. — Ensuite je m'adressais à M. Dumoulin qui fréquentait également la Bourse, et j'avoue que je le trouvais aussi Bonapartiste que moi, et je n'eus rien à faire de ce côté; il agissait avec un dévouement digne d'éloges et de souvenir.

En continuant dans cette classe de la

bourgeoisie, je fus voir M. Barrère, capitaine de la Garde nationale; M. Caumont, lieutenant de la Garde nationale, et M. Ligier acteur du théatre des Français, tous les trois promirent d'agir en souhaitant, que ce que je leur disais, puisse se réaliser.

Enfin, plus haut dans la société je fus rendre visite à feu M. le Marquis de Las Marismas, à M. Langlois d'Amilly, ancien agent de change, qui était lié avec M. le Comte Molé; à M. de Franchessin ancien agent de change; à M. Lembin, très riche propriétaire. Ces deux derniers furent présentés au Prince, à son retour.—Inutile d'ajouter que tous les jours, je fesais la ronde, pour connaître le progrés de la propagande et pour l'activer.—Il faudrait une plume autrement exercée que la mienne, pour raconter les phases de cette propagande jour par jour, ou semaine par semaine, cela ne m'est pas permis et je ne puis que raconter très succintement les faits, qui perdent ainsi beaucoup de leur couleur.

Je dois à la vérité historique, de confesser, que des hommes de mérite très ordinaire et qui occupent aujourd'hui de hauts emplois dans le ministère, ont été sourds à ce que je leur disais, de la valeur personnelle du Prince, qu'ils encensent aujourd'hui par intérêt, car leurs affections politiques sont autre part.

Dès le début, je n'élargis pas le cercle de la propagande au delà de Paris, parceque l'expérience a fait connaître, que les départements, acceptent tout ce que Paris a fait.— Cette raison fit, que je ne m'occupais en premier, que des électeurs de la capitale, sauf à répandre, un peu plus tard, l' idée dans les campagnes, et en effet, un échec à Paris, eut détruit les avantages d'une, ou plusieurs nominations dans les départements.

Il résulte, de ce qui vient d'être exposé, que ma maison a été le premier foyer de la propagande napoléonicnne, et quelque soit le nom, que l'on donne à cette action, qui sappait dans l'ombre, le Gouvernement éxistant, ce n'était pas à celui qui en a profité à l' oublier.

Une circonstance vint fournir la preuve que nous avions vu juste, et que l'idée napoléonienne n'avait besoin que d'être propagée, en la présentant sous des formes différentes mais toujours pacifique, et libérale. — Voici cette circonstance.

On se souvient, qu'à cette époque, il y avait chaque jour, des manifestations pour des futilité, et un beau matin, la Garde nationale eut la malheureuse idée, de vouloir en faire une, pour conserver les bonnets à poil ! Il fut convenu, que toute la milice citoyenne, se réunirait, pour se rendre au grand complet, à l'hotel de Ville présenter la pétition.

La veille du jour fixé pour cette réunion, le bruit se répandit, que les républicains, soutenus des hommes de Caussidières, voulaient s'opposer à cette visite, et que, prenant le devant, ils iraient occuper dès le lendemain matin, de très bonne heure, la place de l' hotel de ville, et toutes les avenues.

M. de Persigny qui avait, la direction des Vieux de la vieille, avait permis qu'ils se rendissent également à l'hotel de Ville, en uniformes, mais il leur avait été recommandé, de ne prendre parti, ni pour les révolutionnaires, ni pour la Garde nationale; ils y allaient pour montrer leurs uniformes de la Garde impériale et parler ainsi aux yeux du peuple.

Comme il était de notre intérêt de savoir tout, et de voir tout, par nous mêmes, je fus prendre M. de Persigny, pour aller ensemble, apprecier la situation des esprits, sonder l'opinion, et voir s'il y avait quelque modification à faire à notre plan. — M. de Persigny ne crut pas devoir sortir et m'engagea d'aller avec M. Paussez, jusqu'à l'hotel de Ville. — C'est ce que je fis.

Arrivés sur le quai de la Mégisserie, nous trouvâmes toutes les issues de la place fermées par les Républicains armés, qui avaient quelques canons. — On voyait l'intention bien arrêtée de ne pas laisser approcher la Garde nationale. — En effet, peu d'instants après notre arrivée, les légions débouchèrent successivement le long des quais des deux rives, mais arrivées à l'entrée de la place de l'hotel de Ville, elles trouvèrent les révolutionnaires en armes, qui

Je confesse qu'arrivé à ce point, la conversation finissait souvent brusquement ; d'autres fois elle se poursuivait avec avantage, et il me suffisait d'avoir quelques auditeurs attentionnés, pour exprimer hautement mon opinion, sur les faculté et le cœur du Prince, qu'on dénigrait, parcequ'on ne le connaissait pas. — On écoutait en silence, je me m'éloignais, mais la semence était jetée dans un fond excellent, qui ne pouvait que produire de bons résultats.

Je fais remarquer, que les conversations en public, qui paraissent aujourd'hui si étranges, étaient à cette époque l'occupation principale de tout le monde. On vivait dans les rues, dans les cafés, sur les places publiques et le soir on délirait dans les clubs; la parole était donnée à tout le monde et comme tous les rangs étaient confondus, et qu'il n'y avait qu'une seule classe de citoyens et frères, chacun émettait son opinion, et était écouté.

La propagande que je fesais dans ce moment là, dans les rangs de la Garde nationale, mes fournisseurs et tous les partisants de Napoléon la fesait également ailleurs, les uns, dans les cabarets, dans les marchés, parmi les domestiques sans place, les autres, parmi les artisants, les ouvriers, les marchands, et ainsi de suite, en remontant l'échelle sociale.

A cette époque le suffrage universel n'était pas un leurre, et c'est sur sa sincérité que nous avions compté pour triompher; il nous fallait donc le nombre, de préférence à la qualité, et c'est dans ce calcul, que nous nous adressions aux dernières classes, dont le suffrage compte à l'ègal des plus élevées.

Je devais cette explication, sans laquelle, on ne pourrait pas me comprendre, aujourd'hui que tout est changé autour de nous.

Vers les quatre heures du soir je retournai chez M. de Persigny et je lui fis part de mes impressions :

« La propagande commence à marcher, lui dis-je, elle ira vite, le gland que nous semons deviendra un beau chêne avant six mois, je vous engage à écrire au Prince, et à lui faire connaître la disposition des esprits, telle que je l'ai vue, et à lui exposer, qu'à mon sentiment, le moment est venu d'étendre notre propagande au dehors de Paris, et de porter, l'agitation pour l'idée imperialiste, dans les campagnes ».

« Mais nos ressources personnelles sont bornées, nous ne pouvons sortir d'une certaine limite de dépenses, et c'est au Prince à pourvoir aux plus grandes; ce qu'entendant M. de Persigny, me dit : « L'argent ne

« peut manquer d'arriver, le Prince m'an-« nonce l'envoie d'un million dans quelques « jours ».

Deux semaines ne s'étaient pas écoulées, que M. de Persigny, ne recevant de Londres que des promesses, me dit: « Le Prince me « mande, qu'il est dans une opération, dans « laquelle il va gagner des millions par cen-« taines; de prendre patience et qu'avant peu « il pourra disposer de sommes fabuleuses. « — Connaissez vous cette opération ? — J'ai « toujours répondu, non, parceque j'avais « promis au Prince de ne pas divulguer le « secret auquel il m'avait lui même initié ».

Le Prince avait une foi entière dans cette incroyable et mystérieuse opération; je ne partageais pas ses étranges illusions, il le sait, mais je respectais sa croyance.

Ne fesant pas fond, sur l'envoie de ces sommes fabuleuses, je dis à M.r de Persigny:

« L'opération dont parle le Prince peut être plus longue qu'il ne le pense, et les résultats en être encore plus éloignés ; et comme nous n'avons pas un instant à perdre, nous devons dans l'intérêt du Prince, chercher de notre côté, à lui faciliter l'avance de quelques millions, qu'il remboursera plus tard, avec le produit de la vente de ses biens, ou avec celui de son opération. »

« Ces quelques millions, nous pouvons les tirer de la Russie; nous présenterons au public une opération de finance qui couvrira nos desseins secrets. — Veuillez m'écouter je vous prie.

« Il y a dix huit mois, que j'ai l'honneur de connaître le Prince, et naturellement nos intretiens ont été, plus particulièrement sur le commerce et je crois ne pas faire erreur en disant, que le Prince reconnait qu'un établissement de crédit, fondé en France par lui, dans le but de venir en aide au petit commerce, lui concilierait les esprits de la classe si nombreuse des marchands, qui vendent au détail, et facilitrait considérablement la propagande impérialiste ; mais, pour justifier aux yeux du monde, cette action du Prince, et en faire ressortir le mérite, il faut que les circonstances s'y prêtent ; or, y en a-t-il de plus favorables que celles dans lesquelles nous sommes ? Personne ne conteste aujourd'hui, que le commerce et l'industrie ne soient pas aux abois, que le crédit ne soit pas détruit complètement, que l'escompte ne soit pas considérablement réduit pour les premières maisons, et nul pour les autres ; donc, si dans ce moment-ci, le Prince fondait une banque, à un fort capital, appliqué à escompter, largement, les billets du petit commerce, l'opinion de la bourgeoisie, qui lui est défavorable, serait agréablement surprise par ce fait inattendu, et changerait de sentiment à son endroit. — Ensuite, nous trouverions dans cet établissement, les moyens pécuniaires qui nous manquent, pour renverser tout cet échaffaudage, qui ne tien, qu'à la surface, et pour créer l'empire ».

M. de Persigny fut de cet avis mais il demanda, le *comment*? on arriverait à trouver le capital nécessaire à fonder ce centre de nos opérations. — Je m'expliquais de vive voix, et après m'avoir écouté avec attention, il me dit: « Mais c'est une idée! mettez ce projet sur le papier, demain, nous le lirons ensemble, et s'il est tel, qu'il me parait, nous le soumettrons au Prince.

Le lendemain matin, je montrai le projet à M. de Persigny. — Il le lut avec l'attention que le sujet méritait, il l'approuva et m'engagea à l'envoyer moi même, directement, au Prince, auquel il écrivait de son côté, pour en demander l'exécution.

Le soir, j'eus l'honneur d'adresser et de soumettre au Prince, le projet de créer un comptoir d'escompte, au capital de 9 millions de francs, dont six milions, seraient versés par lui, et trois millions par le Gouvernement, conformement au décret du Ministre des finances, M. Garnier Pages.

Mais, comme le Prince, ne pouvait pas disposer d'une somme aussi grande, je proposais, d'aller à Saint Pétersbourg, exposer au nom de S. A. I, à l'Auguste Majesté, de toutes les Russies, la situation de la France, démontrer que les idées Napoléoniennes étaient au fond de tous les cœurs, qu'il ne fallait qu'un centre d'action pour créer l'Empire avec le Prince Louis Napoléon Bonaparte comme Empereur, et que si Elle daignait, nous venir en aide, en nous fesant l'avance de 6 millions de francs, garantis par le Prince

8

Louis Napoléon, nous avions la certitude, de réussir promptement, dans notre entreprise. — Que cette somme de 6 millions de francs, serait acceptée par nous, en rentes 5 0[0 français au cours de 114 fr., prix auquel la Banque de France les avait vendues à S. M. Impériale. — Je ne raconterai pas, les raisons, sur lesquelles je m'appuyais, dans mon exposé des motifs, envoyé au Prince ; ils étaient de deux ordres, *politiques* et *financièrs;* et à ces deux points de vue, le projet devait convenir à la Russie, puisque d'un coté, on lui prenait, au prix de 114 fr. des rentes qui ne valaient au cours du jour que 64 fr. et que de l'autre, nous promettions d'endiguer le torrent révolutionnaire qui envahissait déjà ses frontières. — Mais ce qu'il est utile que l'on sache, c'est que le Prince *approuva* ma proposition, et s'il ne donna pas suite immédiate à son exécution c'est qu'il doutait du consentiment de fort actionnaire à s'intéresser dans une spéculation qui pouvait, disait-il, paraitre fort *hasardée*. Trois mois après, plus rassuré à cet endroit, le Prince, m'envoya en mission, auprès de S. M. l'Empereur de Russie, comme on le verra plus loin.

J'ai dit, que le Prince avait approuvé mon projet, et je justifie mon dire, en fesant connaître la réponse que le Prince m'adressa.

Londres le 24 Mars 1848

Monsieur,

« J'ai reçu avant hier votre lettre où « vous me remettiez un projet qui sous tous « les rapports serait avantageux. Je vais tâ- « cher de trouver les moyens de le mettre « à exécution; mais je doute fort de réussir » dans ce moment à trouver un aussi fort

« actionnaire pour une spéculation qui peut « paraître fort hasardée. Si je réussissais il « serait de toute justice que je vous priasse « d'être le principal directeur de cette orga- « nisation commerciale, que vous avez imagi- « née et je crois qu'elle ne saurait être en « meilleures mains.

« Recevez, monsieur, la nouvelle assu- « rance de mes sentiments ».

Signé: NAPOLÉON LOUIS B.

Cette lettre est explicite, le Prince trouvait mon projet, *avantageux sous tous les rapports*, et il allait chercher, écrit-il, les moyens de le mettre à exécution. — Et de ce qu'une circonstance est venu empêcher le fait de se réaliser, son cousin s'en est prévalu à la Tribune de l'assemblée constituante et a rejeté bien loin l'idée, qu'un

Bonaparte, ait pu songer au moyen de se procurer de l'argent à l'étranger, pour sauver la France de l'anarchie.

Je suis aussi bon patriote que personne, et je crois avoir fait acte de patriotisme sincère et éclairé, en proposant au Prince Louis Napoléon Bonaparte, d'emprunter sur ses biens de l'argent et de l'employer à aider ses concitoyens, à se débarasser d'eux-mêmes, et sans le secours des étrangers, d'un Gouvernement qui conduisait la France à la ruine. Si l'opération s'était faite en mars, l'horrible et à jamais, regrettable combat de Juin, n'aurait pas eu lieu.

Le Prince Louis Napoléon, aujourd'hui Empereur, était de cette opinion, puisque à *trois reprises différentes*, il m'a chargé de négociations de ce genre, comme je le raconterai dans le second volume, et son cousin le Prince Napoléon, devait le savoir, et dèslors il était peu bienveillant de blâmer en public, les amis du Prince qui étaient chargés de ces missions difficiles.

Nous nous abstenons de toutes réflexions sur les paroles prononcées, à la tribune par le Prince Napoléon, nous ferons remarquer seulement, que le désaccord apparent, entre les deux cousins, a duré juste, l'espace de la république.

La lettre que le Prince m'avait fait l'honneur de m'écrire, en réponse à l'envoie de mon projet, m'imposait le devoir de me rendre près de sa personne, afin de rendre plus manifeste à ses yeux, l'accueil bienveillant que ma proposition devait trouver à Saint Pétersbourg, et j'allais partir pour Londres, lorsque M. de Persigny, me fit connaître qu'il se portait candidat à l'Assemblée nationale et qu'il allait s'absenter pendant deux semaines, qu'il comptait passer dans son pays natal.

Cette nouvelle me surprit et me chagrina. M. de Persigny, était le chef dirigeant le noyau des Bonapartistes militants, et je considerais comme une faute, qu'il fut s'exposer à une échec. Rien n'était préparé pour son élection, je lui en fis la remarque, avouant que je ne comprenais pas, une décision aussi subite, et qui à mes yeux, n'avait pas de raison d'être. M. de Persigny ne voulut pas s'expliquer, il objecta que le Prince n'envoyait pas de l'argent; qu'il était entravé dans ses desseins et que tout cela lui causait des ennuis, dont il serait débarrassé, en étant représentant du peuple. — C'est un nuage, une boutade qui passera, lui dis-je, demain vous aurez des idées moins noires et vous verrez plus juste. — Non non, me répondit-il, c'est très sérieux; j'ai fait ma profession de foi, dans une circulaire que je fais imprimer, et que j'adresse aux électeurs de la Loire. —

Tenez, la voici. — Je pris la circulaire en riant, croyant que c'était une plaisanterie, et j'étais si peu préparé, à un changement d'opinion, à un volte face politique, de la part de Persigny, que je crus que mes yeux et mes sens me trompaient, en avancant dans la lecture de cette aposthasie, de la foi Napoléonienne. — Qu'on en juge , voici cette circulaire.

Citoyens et chers Compatriotes !

« Au milieu des grandes circonstances
» où se trouve la France, je viens briguer
» l'honneur de vous representer à l'Assem-
« blée Nationale. Enfant du Forez, né parmi
« vous à l'époque la plus glorieuse de notre
« histoire, j'ai voulu toute ma vie marier
« les principes de la révolution française aux

« idées de la grandeur et de la puissance « du pays ».

« Dès ma plus extrême jeunesse, depuis « dix sept ans, j'ai lutté sans trêve, sans re- « pos, contre une dynastie impopulaire, « frauduleusement substituée à la souverainité « nationale, et qui ne pouvait se maintenir « que par la corruption, la bassesse et la « dégradation des consciences ».

« Pour affranchir mon pays d'une telle « honte, deux fois j'ai jeté ma tête au de- « vant de l'échafaud politique. L'exil, l'ad- « versité, les persécutions de tous genres et « une longue détention ont été les durs « enseignements de ma jeunesse; et c'est « au peuple de Paris que j'ai du ma déli- « vrance, après huit ans de captivité. »

« Quant à mes opinions, je vais vous « les exposer avec franchise. Hier, je croyais « sincèrement que, entre des habitudes mo-

» narchiques de huit siècles et la forme ré-
« publicaine, but naturel de tous les perfec-
« tionnements politiques, il fallait encore une
« phase intermédiaire : et je pensais que le
« sang de Napoléon inoculé aux veines de
« de la France, pouvait mieux que tout au-
« tre la préparer au régime complet des li-
« bertés publiques ; mais, après les grands
« événements qui viennent de s'accomplir,
« je déclare que la république régulièrement
« constitué, pourra compter sur mon dévou-
« ment le plus absolu ».

« Je serai donc loyalement et franche-
« ment républicain. Mais, comme vous le
« voulez sans doute, je veux une république
« grande, sage, modérée, puissante, magna-
« nime, où l'ordre soit aussi garanti que la
« liberté, la liberté aussi assurée que l'ordre;
« où sans vaines récriminations, tous les ser-
« vices, tous les talents, tous les dévoue-

« ments consciencieux soient acceptés, où « tous les citoyens sans distinction, le riche « et le pauvre, le maitre et l'ouvrier, s'u- « nissent dans les liens d'une sainte et » pure fraternité; ou enfin, la religion du « Christ, qui a proclamé l'égalité sur la terre, « reste honorée, respectée dans son culte et « dans ses ministres.

« Je termine par une dernière et solen- « nelle déclaration. Délivré par le peuple je « dois ma vie au service du peuple. Tout « ce que Dieu voudra m'accorder de coura- « ge, d'intelligence et de résolution sera dé- « sormais consacré à l'affranchissement de la « seule servitude qui pèse encore sur lui, « de la servitude de la misère.

signé Fialin Persigny
de s.t Germain Lespinasse, arrond. de Roane

Lorsque j'eus fini la lecture de cette circulaire, je ne pus m'empêcher de demander à M. de Persigny si ce que je venais d'entendre était sérieux et si nous jouions la comédie. — « Comment, vous avez le courage, de publier que vous êtes *loyalement et franchement républicain, et que la république peut compter sur votre dévouement le plus absolu ?* Mais personne ne vous croira, et on ne vous nommera pas, à cause de cette déclaration ».

« Pensez vous par hasard que pour arriver à nos fins, c'est-à-dire au rétablissement de l'empire, il faille tromper, dissimuler et prendre pour modèle le Prince de Machiavel ? — Si vous le croyez, je me retire, parceque ces moyens me répugnent, ils ne sont pas de notre époque et leur emploie ferait tache à la cause du Prince, qui n'en a pas besoin pour triompher. — Je diffère complètement d'opinion : je pense que l' armée a conservé la mémoire de l'Empereur, et que le peuple aime sa dynastie et souhaite son retour. — Donc, la seule manière d'arriver à notre but, c'est de s'adresser directement au peuple, et de lui dire: — « Vous aimiez l'oncle, nommez le neveu» — Et le peuple finira par nous entendre et par l'acclamer, parceque, malgré nos revers, on se souvient que Napoléon nous a sauvé de l'anarchie ; et l'on esperera, que son neveu en fera autant, aujourd'hui que l'anarchie semble vouloir, nous engloutir de nouveau. — En élevant le drapeau napoléonien, vous vous distinguez. = En vous disant républicain, vous disparaisez dans ce nombre de candidats plus républicains que vous, qui se présentent dans tous les collèges et qui par leurs opinions sincères, ont plus de droit que vous, a être élus. —

Cependant, comme votre circulaire est accompagnée d'une lettre, adressée aux divers comités électoraux, je vous prie de m'en donner communication, peut-être expliquez vous mieux vos opinions d'aujourd'hui. —Voici la copie de cette lettre:

Messieurs,

« J'ai l'honneur de vous prévenir que « je me porte comme candidat aux électeurs « de la Loire et de vous envoyer ci joint « la circulaire que j'adresse aux électeurs « du département.

« Après une vie toute d'honneur et de « dévouement patriotique, je ne crains pas « de me présenter devant vous.

« Jamais, vous le savez, les circonstan- « ces n'ont été plus graves, au milieu « d'une population victorieuse, inquiète, a- « gitée, non seulement par l'ebranlement so- « cial d'une révolution, mais encore par « les perturbations d'une profonde crise fi-

« nancière et industrielle, l'Assemblée natio-
« nale aura d'immenses difficultés à sur-
« monter. . . . .

« Pour qu'elle réussisse dans son œuvre, « il faut qu'elle soit indépendante de toute « pression extérieure et qu'elle puisse mainte- « nir l'ordre avec autant de fermeté que les « libertés publiques. Elle doit donc, avant » tout, se composer d'hommes d'ordre, mais, « vous le savez, l'expérience des grandes « assemblée politiques a démontré que les « hommes d'ordre sont en général des hom- « mes faibles, qui, quoique bien intentionnés « n'ont jamais la fermeté nécessaire pour » triompher des mauvaises passions. Dans des « temps de crise de tels hommes sont tou- « jours fatals à leur pays. Incapables d'impo- « poser aux minorités violentes, ils en su- « bissent et en sanctionnent tous les excès.

« Gardez vous donc de ces hommes

« que, en temps ordinaires, on appelle *modé-* « *rés*. Nommez des représentants aussi énergi- « ques, aussi résolus pour maintenir la tran- « quillité publique, que les hommes violents « peuvent l'être pour semer la discorde et « l'anarchie. Je vous parle beaucoup d'ordre « et vous devez me comprendre. Dans la « bouche d'un homme qui a combatu pen- « dant dix sept ans, le gouvernement du pri- « vilège et de l'égoisme, qui a subi l' exil, « l'adversité, des persécutions de tous gen- « res et une longue capivité, ce mot ne « saurait avoir qu'une signification patrioti- « que. Hier nous n'avions à combattre que « pour la liberté ; aujourd'hui la liberté est « parvenue à des limites que la plus auda- « cieuse théorie pouvait à peine espérer « d'atteindre dans un demi siècle. Or cette « liberté précieuse et sacrée, nous ne pou- « vons la conserver intacte que par le bon

« ordre. Dévouons nous donc corps et âme « à cette grande mission.

« Bien insensés seraient ceux qui bri- « gueraient aujourd'hui l'honneur de la dépu- « tation par intérêt privé ou par vanité vul- « gaire. Ceux là seuls sont dignes de repré- « senter le pays qui, connaissant les périls « de l'avenir, sont résolus à tout braver pour « assurer les libertés publiques.

« J'espère, que personne n'opposera à « ma candidature, des préventions basées sur « l'amitié dont m'honore le prince Louis « Napoléon. Ainsi que j'ai eu l'honneur de « le dire à M. de La Martine, lorsque j'ai été « chargé d'annoncer au gouvernement pro- « visoire, l'arrivée du Prince à Paris, le ne- « veu de l'Empereur ayant reconnu le Gou- « vernement provisoire de la République « n'est plus qu'un *simple* citoyen. Il est prêt « non seulement à servir son pays, à quel-

« que titre que ce soit, mais même à res- « ter volontairement en exil, si son nom « peut-être un embarras dans les circonstan- « ces présentes. Et quant à ses amis, ils fe- « ront toujours passer le dévouement au « pays avant le dévouement à un homme.

« Du reste, Messieurs, je partirai bientôt « pour me rendre auprès de vous, et vous « expliquer de vive voix et ma conduite et « mes principes.

« En attendant veuillez agrèer l'hom- « mage de mon respect et de ma profonde « sympathie

signé Fialin Persigny

de S.t Germain Arrondissement de Roane

à Paris, 18, Boulev. des Italiens

Après avoir pris connaissance de cette lettre, je dis à M. de Persigny : « Dans votre circulaire. vous ne parlez qu'en votre nom, mais dans la lettre que je viens de lire, vous engagez le Prince et ses amis ; c'est plus grave. Jusqu'à ce moment j'ignorais l'engagement que le Prince a pris , selon vous , vis-à-vis le Gouvernement provisoire, et le peuple ne le connaît pas davantage; mais, s'il est vrai , que le Prince Louis Napoléon ne soit plus qu'un *Simple citoyen*, *dévoué comme vous, corps et ame à la république*, nous ne nous entendons plus, parceque je suis *monarchique* , et j'avoue que lorsqu'en 1846, pendant votre détention, je suis allé vers le Prince Louis Napoléon , c'était á l'héritier du trône de l'Empereur, que je croyais avoir eu l'honneur de présenter mes hommages les plus respectueux, et d'offrir mes services.

Ai-je fait erreur ?

Quant à ce que vous dites au nom de vos amis : « Qu'ils feront toujours passer le dévouement au pays, avant le dévouement à un homme » Oui, vous avez raison, et je partage complètement vos sentiments à cet endroit ; j'en ferai toute ma vie, la règle de ma conduite , et s'il m'était démontré, que l'homme que je sers, est d'un côté, et le pays de l'autre, qu'ils ont des idées, des sentiments différents, je n'hésiterais pas à me séparer de lui et à vous suivre ; mais dans le moment actuel, cet homme est le prince Louis Napoléon, dont le nom est le symbole d'ordre, de stabilité et d'indépendance, à mes yeux le Prince représente le pays, mille fois mieux , que les quelques hommes qui forment le Gouvernement provisoire. — Qui les a mis à là place qu'ils occupent ? — Es-ce la nation ? Où est le vote ? — Es-ce, même, le peuple de Paris? —Non, ce sont quelques factieux suivis de la populace, qui ont surpris et envahis la Chambre des Députés et c'est de ce désordre, qu'ils sont le produit. Ces hommes qui ont tant crié contre l'élection du Roi Louis Philippe par la Chambre de 1830. = Sont eux mêmes, le produit d'un Chambre des Députés, que la veille ils accusaient de corruption et de servilité. La misère et l'anarchie, marchent à la suite de ce pouvoir, qui est une calamité pour le pays, et je considérais déjà comme une faute, que le Prince se soit présenté à l'hotel de Ville, maintenant je regarde comme un malheur, l'engagement qu'il a pris.

M. de Persigny convint que j'avait raison, mais il s'excusait sur l'inertie du Prince qui ne voulait rien faire ; qui ne croyait ni à l'armée, ni au suffrage universel, et qui défendait de poser sa candidature, parcequ'à son sentiment, elle éprouverait un échec. = Mais, lui répondis-je, je ne vois pas là une raison pour renier notre foi politique, celle que nous prêchons, et si le Prince qui connaît ce que nous fesons, ne croit pas le moment venu de se montrer, nous pouvons fort bien, sans présenter immédiatement sa candidature, continuer à réveiller les sympathies du peuple, pour le neveu de l' Empereur, ajoutant que c'était principalement à ce point de vue que je considèrerais comme une perte, pour notre entreprise, sa nomination de représentant du peuple, parceque cette position, lui imposerait l'obligation de s'abstenir ».

Au silence de M. Persigny, je vis que c'était parti pris, et qu'il n'y avait pas à revenir. Evidemment l' accord n' existait plus, et j'était fondé à penser qu'il avait dû se passer quelque chose de désagréable.

entre le Prince et M. de Persigny, pour que ce dernier reniat lui aussi, le Prince.

Les idées nouvelles émises par M. de Persigny m'avaient blessé; je ne pouvais pas m'expliquer, qu'on fut impérialiste la veille, et républicain le lendemain, impérialiste dans le cabinet et républicain en public, et l' on comprendra, qu'il devait m'être fort sensible, après m'être tant avancé, de voir publier et afficher, signé de Fialin de Persigny, des principes si différents de ceux que je professais.

Cette situation m'imposait la plus grande réserve, je me voyais compromis auprès de mes amis politiques et je résolus de m'abstenir jusqu'après le résultat de l'élection de M. de Persigny. — Mais, comment expliquer cette abstention ? — Comment rester à Paris et cesser d'agir ? — Je tournaïs la difficulté en annonçant qu'une affaire de finance avec le gouvernement Espagnol m'appelait sans retard à Madrid, et que je partai le soir même. — Le fond était vrai, l'urgence ne l'était pas. = Mes anciennes fonctions d'agent des finances d'Espagne à Paris, rendaient mes paroles vraisemblables et mon départ naturel.

Après avoir visité mes connaissances et amis politiques, et leur avoir recommandé de continuer avec persévérance, à faire de la propagande, pendant ma courte absence, je me rendis à Chantilly, où était ma famille, et de là, je partis avec ma femme pour Madrid.

CHAPITRE III.e

But de mon voyage à Madrid; mon Séjour et mes lettres au Prince. — Retour en France. — Agitation des esprits dans les départements et à Paris; progrès de la propagande impérialiste. — Candidature du Prince de Joinville, elle amène celle du Prince Louis Napoléon. — Noms des citoyens qui ont travaillé à l'élection du Prince, leurs actes. — Intervention du Prince; ses autographes adressés à des artisants. — Fabrication de fausses lettres du Prince. — Opinion des célébrités de la presse, sur le peu de chances de nomination du Prince. — Mon calcul. — Incident qui a compromis un moment l'élection du Prince. — Sa nomination. — Épisodes pendant l'élection. — Départ de M. de Persigny et de M. Laity pour aller féliciter le Prince. — Leur proposition, mon adhésion et promesse qu'ils m'ont rapporté de la part du Prince.

L'opération de finance qui m'appelait à Madrid, quoique considérable pour l'époque, n'était cependant pas assez urgente pour ne pas aller présenter mes hommages au Prince, et rester deux ou trois jours à Londres avant mon départ. Mon devoir, mes sentiments, mon intérêt, m'engageaient à le faire. — En effet, j'aurais eu l'honneur d'exposer au Prince, les raisons qui me fesaient penser que notre demande serait bien accueillie, et si ces raisons avaient paru déterminantes, je serais parti pour Saint Pétersbourg et de ce voyage, il pouvait en résulter, la création à Paris, d'un grand établissement de crédit, dont le Prince m'avait promis, par sa lettre, de me donner la direction — J'ai donc sacrifié en cette circonstance, mes intérêts, à la crainte de rompre l'union si nécessaire alors, avec M. de Persigny; car on ne peut pas se dissimuler que la circulaire aurait été le sujet de ma conversation avec le Prince; or, le Prince ne pouvait pas en être flatté; moi, j'en étais mécontent. — Qu'en serait-il résulté ?

un tiraillemeut nuisible à la cause du Prince que j'avais à cœur de faire triompher — Aussi n'ai-je pas hésité, et j'eus l'honneur d'adresser au Prince une lettre, pour lui faire connaître qu'une affaire nécessitait ma présence à Madrid et je le priai de daigner agréer mes excuses, de m'eloigner sans aller lui présenter mes devoirs et prendre ses ordres. — De cette manière, j'évitais toute conversation, au sujet de la circulaire de M. de Persigny, et je laissais au temps, à ramener ce dernier, á ses opinions impérialistes. — Ai-je bien fait?

En recevant ma lettre, le Prince a du me considerer comme peu persévérant en affaires, en voyant dans l'intervalle de peu de jours, proposer un voyage en Russie, et partir pour l'Espagne. Si par hasard, le Prince. aujourd'hui Empereur, lit ces lignes, il aura l'explication de ma conduite, qui en effet paraissait étrange.

Maintenant, je vais dire en peu de mots, ce qui m'appelait en Espagne.

La Banque de Madrid était dans une excellente position, en avril 1848 et cependant ses billets perdaient 14 p. 0/0 à cause de la rareté du numéraire qui se cachait partout en Europe, à l'exception de Londres, Amsterdam et Saint Pétersbourg.

Comme intermédiaire, j'avais proposè au Gouvernemeut d'Espagne, de faire prêter à la Banque, par une caisse de l'une de ces trois capitales, douze millions de francs en *numéraire*, contre dépôt du double de de cette somme en rentes 3 p. 0/0 au porteur, au prix du jour 16 p. 0/0 !!

Voilà le but de mon voyage. — L'opération admise en principe, ne fut pas conclue, parceque le ministre des finances M. Bertrand de Lys voulait que le dépôt des rentes 3 p. 0/0 qu'il consentait à délivrer, eut lieu à la Banque de Madrid. — Je demandais que ce dépôt eut lieu dans l'une des Banques de Londres, d'Amsterdam ou de Saint Pétersbourg à son choix, afin d'offrir toute sécurité au prêteur. — Mon insistance sur ce point, fut considérée par M. le ministre, comme une défiance, et l'opération n'eut pas de suite. M. le ministre essaya d'un emprunt national mais la souscription n'aboutit pas et l'on revint à ma proposition. Elle se discutait, lorsque des nouvelles politiques que je reçus de France, me décidèrent à partir, sans rien terminer.

Cette affaire eut remplacée pour la cause napoléonienne, celle que je proposais d'aller traiter à Saint Pétersbourg ; la commission était d'une chiffre élevé, et le Prince a su par les lettres que j'ai eu l'honneur de lui adresser de Madrid, l'application que je voulais en faire.

Si S. A. I. a conservé mes lettres et qu'elles daigne, les relire aujourd'hui, elle trouvera la preuve, qu'à l'Etranger, comme en France, je lui étais dévoué, de cœur et de pensée.

Il me paraissait utile à la cause du Prince, de faire pressentir, son retour prochain en France, et ses intèntions pacifiques, aux hommes éminens de l'Espagne et c'est ce que j'ai fait, pendant mon sejour à Madrid: je ne veux citer personne, mais j'ai reçu chez moi et l'on y a vu, des hommes considérables de ce pays; leur opinion ne pouvait pas être indifférente au Prince, et j'ai cherché á la lui gagner. Quelques uns, comme mes bons et véritables amis, Donoso Cortés Marquis de Valdegamas, ambassadeur á Paris, et D. Juan Carrasco, comte de S.ta Olalla, ministre des finances, ne sont plus, et par gratitude, mon cœur rappelle ici leurs noms;

mais beaucoup d'autres sont vivants, et occupent encore de hautes fonctions, ils renrenderont certainement témoignage, que je parlais avec éloge, du merite et des facultés du Prince, facultés que généralement on lui contestait alors et j'en parlais avec une convinction si profonde, avec un accent si pénétré, que les incrédules mêmes, cessaient leur critique, par respect pour une foi aussi vive. Ce qui est à remarquer aujourd'hui et ce qu'il faut signaler à l'histoire, c'est que celui qui a été l'objet d'un pareil éloge, dans un pareil moment, ne s'en est jamais souvenu.

A mon retour à Paris, j'appris que M. de Persigny n'avait pas été nommé représentant du peuple, et je l'en félicitais; eusuite je vis avec plaisir, qu'il avait renoncé aux idées républicaines, pour revenir aux idées napoléoniennes, qui étaient siennes. Notre amitié n'en fut que plus intime, et le succès la rendit plus étroite encore.

Mon premier soin, en arrivant à Paris, fut de visiter mes amis politiques, afin de me renseigner sur les progrès que la propagande avait faite pendant mon absence. = Ce que j'appris me combla de joie. = Tout le monde souhaitait un terme au long désordre qui régnait, et la bourgeoisie commençait à prêter l'oreille à nos paroles et se trouvait disposée à se rallier au Prince, non par sympathie, mais par intérêt et raison. = Nous promettions en son nom : *stabilité*, *ordre*, *paix* et *liberté* et c'était tout ce que l'on voulait. La propagande marchait donc très bien, et dans mon esprit l'élection du Prince était assurée. — En effet, voici d'après mes notes, le calcul approximatif que je fesais :

10 à 12,000 voix des anciens militaires, et

des militaires ayant servi dans l'armée d'Afrique (opinion impérialiste).

18 à 20,000 voix des domestiques sans place tous mécontents du Gouvernement (opinion monarchique).

12 à 15,000 voix des petits marchands, prêts à fermer boutique, et par suite mécontents de la république (opinion monarchique).

15 à 20,000 voix des ouvriers sans travail, ou ne travaillant que la demi journée.

12 à 15,000 voix des opposants à l'établissement de la république par suite de la perte de leurs emplois (opin. monarchique).

10 à 15,000 voix des boutiquiers, artisants, négociants (Bonapartistes libèraux).

En tout 77 à 95,000 voix.

Certes, c'était peu, si on compare ce nombre de voix à celles données à M. de Lamartine, à M. Thiers etc. etc., mais nous n'étions pas encore aux élections, et nous devions compter, sur une augmentation croissante de voix, jusqu'au jour du vôte.

J'étais allé à Madrid, par Lyon, Marseille et Barcelone, j'était revenus par Bayonne et Bordeaux, j'avais donc traversé, une partie de la France, et pû juger l'état des esprits, et je dois dire, qu'une agitation très grande, et hostile au Gouvernement, régnait dans tous ces contrées. Les affaires étaient mortes, on ne s'occupait que de politique, les clubs absorbaient la plus grande partie du temps; les discussions aigrissaient les esprits, et nos ports maritimes, étaient encombrés de navires désarmés qui montraient dans quel état de souffrance, se trouvait le commerce.

Paris, n'était pas plus florissant, que les villes des départements, et la tranquillité était loin d'y être assurée. La capitale était devenue le rendez-vous des hommes violants, qui apparaissent dans les temps de trouble et de révolution, et leur but, se montra à découvert, le jour de l'envahissement de l'Assemblée Nationale, le 15 mai.

C'est dans cet état de surexcitation politique, et mécontentement général que se trouvaient les esprits, lorsqu'on fixa au 15 juin, les réélections qu'il y avait à faire à Paris, et dans les départements.

Ce que je savais des idées du peuple de Paris, ce que j'avais vu et appris en traversant la France, ne laissait dans mon esprit aucun doute, sur le succès qui attendait les candidats d'*opinion monarchique*, parceque plus que d'autres, ils présentaient des garanties d'ordre, dont la France avait besoin. = Par conséquent, le moment me semblait venu, de poser la candidature du Prince Napoléon Bonaparte.

Le malheur de notre situation était, que le Prince n'avait entrevu jusque alors, son retour en France, et le trône, qu'avec le concours *unique de l'armée*, et ses idées n'étaient pas encore préparées, au changement qu'on lui proposait, comme moyen de réussite. Ses amis politiques partagaient ses opinions, et n'avaient pas une foi entière dans l'élection ; de là, cette hésitation à suivre avec énergie le plan arrêté, et cette crainte d'échouer, qui fesait renvoyer indéfiniment la candidature du Prince.

Le peuple ne comprenait rien à notre conduite ; depuis trois mois, nous sollicitions en secret, les suffrages pour le Prince Louis Napoléon, on nous avait donné des promesses de vote, et au moment des élections, sa candidature n'était pas annoncée.

Ce silence commençait à être mal interprété et aurait produit un mauvais effet, si une circonstance, n'était venue mettre fin à cette anxiété.

Les Orléanistes qui connaissent bien le pays, mais qui en ont peur (je ne parle pas des Princes d'Orléans aussi grands en exil que sur le trône), les Orléanistes, dis-je, avaient vu parfaitement, que le coup tenté au 15 mai par Barbès et ses amis, avait éloigné la majeure partie de la nation, de ces hommes violents, et ils pensèrent avec raison, qu'en présentant aux électeurs, un homme qui était le symbole de l'ordre et de la stabilité, il avait chance d'être nommé représentant. du peuple. Dans ces idées ils présentèrent la candidature du Prince de Joinville. — C'était engager habilement la partie, et certainement les voix données au général Changarnier et à M. Thiers n'auraient pas fait défaut au Prince de Joinville, qui eut été nommé ; mais, comme à l'ordinaire, comme toujours, les chefs de cette opinion, font un pas en avant, et reculent de deux immédiatement. Ils n'ont pas foi dans le peuple; ils ont des positions de fortune à conserver, des considérations de famille à garder; ils voient justes et raisonnent à merveille, mais ils ne feront rien, qui puisse déranger leur vie ordinaire, leur promenade journalière au bois de Boulogne et leur présence, le soir, à l'Opera. Ce n'est pas avec de pareils hommes que l'on remonte sur le trône ; parcequ'ils craignent le trouble des rues, prélude indispensable d'une révolution. Je n'ai jamais pu comprendre, comment, les Princes d'Orléans, aient pu se faire illusion à ce point, de croire que, des hommes qui possèdent titres, honneurs et fortune, aillent tout compromettre, pour leur ouvrir les portes de la France ? — Que peuvent-ils donner de plus à ces hommes? Rien, aussi on n'obtiendra d'eux, que des projets, des promesses , peut-être un commencement d'exécution, mais on s'arrêtera vite, comme on le fit pour la candidature du Prince de Joinville. — Après l'avoir fait *afficher sur tous les murs de le capitale*, on fut probablement se barricader dans son cabinet, car personne, n'eut le courage d'élever le drapeau sur le place publique ! ! et c'est ce qu'il fallait faire; on eut réussi ! — Le Prince de Joinville eut été nommé avec plus de voix que le Prince Louis Napoléon Bonaparte — Je le démontrerai, tout à l'heure.

Quoiqu'il en soit, à la vue de l'affiche qui posait la candidature du Prince de Joinville, M. de Laity n'hésita pas; il prit l'initiative, et ne prenant conseil que de son dévouement, il porta la candidature du Prince Louis Napoléon Bonaparte, sans son consentiment, je dis plus, malgré sa défense.

Voici cette pièce.

CANDIDATURE

de

LOUIS NAPOLÉON BONAPARTE

AUX ÉLECTEURS DE PARIS,

Citoyens,

La réaction ne se cache plus; elle vous propose de nommer à l'Assemblée nationale le Prince de Joinville, le fils de Louis Philippe, chassé par vous, il y a trois mois:

Deux fois ramenés par les baïonnettes étrangères, les Bourbons ont été quatre fois expulsés de la France. La nation n'en veut plus.

Il est un autre nom qui fût toujours associé à nos triomphes et à nos malheurs. Quand nos drapeaux victorieux flottaient à Vienne, á Berlin, à Moscou, l'Empereur était à notre tête; les Bourbons maudissaient nos victoires. Quand les Gardes étrangères inondaient notre territoire, les Bourbons triomphaient; l'Empereur allait mourir à Sainte Hélène !

Prononcez et jugez,

Nous vous proposons de nommer à l' Assemblée, notre concitoyen Napoléon Louis Bonaparte, enfant de Paris. Il s'est formé à la rude école de l'exil et de la captivité. Soldat de l'indépendance italienne en 1831, il voulut plutard, à Strasbourg et à Boulogne, arracher la France au joug de la honte en proclamant la souveraineté du peuple. Il a payé de sept ans de captivité, l'honneur d'avoir précédé l'héroïque population de Paris.

On l'a rangé parmi les prétendants. Il repousse loin de lui cette qualification; car il sait que le général Bonaparte était le plus grand citoyen de la France, avant d'en être le premier magistrat, et qu'aujourd'hui comme alors, le pouvoir doit être au plus digne..

Envoyez Napoléon Louis à l'Assemblée, c'est un des nobles enfants de la France. Nous vous en répondons.

Vive la République.

Un vieux républicain de 92,
Soldat de Zurich et de Waterloo.
Un Ouvrier combattant des barricades de février.

Cette pièce renferme la preuve que c'est aux Orléanistes, à ceux qui ont habilement posé, et honteusement abandonné, la candidature du Prince de Joinville qu'est due la candidature du Prince Louis Napoléon, et par suite, sa nomination et son rappel de l'exil ! — Et remarquons, que sans le vouloir, ces sont les d'Orléans, qui ont entretenu le sentiment Bonapartiste en France; en effet, aussitôt après la révolution de 1830, Le Roi Louis Philippe s'entoura des hommes marquants de cette opinion, tels que le Maréchal Soult, les Généraux Clausel, Sébastiani, Gérard, Pajol, Rumigny etc. etc.; ce fut le Roi qui éleva la statue de Napoléon sur la colonne de la place Vendôme, qui acheva l'arc de triomphe de l'Étoile; qui fit construire le tombeau de l'Empereur aux Invalides; qui fit rendre à la France et envoya chercher à Saint Hélène, par un de ses fils, les restes précieux de l'illustre prisonnier et lui fit rendre les plus grands honneurs sur toute la route, et prépara pour son arrivée à Paris, cette entrée triomphale, qui exalta si fort les imaginations, et dont aucune pompe, n'a depuis reproduit l'impression. — On se rappelle que, depuis les Invalides jusqu'à l'arc de triomphe, on avait élevé des deux côtés, les statues de tous les maréchaux et généraux de l'Empire ; que les anciens uniformes avaient été repris et qu'on avait fait venir des départements des députations d'anciens militaires avec leurs anciens costumes. Une partie de la population s'était rendue dès la veille à Asnière, pour voir arriver et saluer, le bateau qui portait les cendres du grand homme, et que malgré un froid de 15°, on y était resté fort avant dans la nuit. La foule était si considerable aux Champs Elysées, que les fenêtres se louaient 250 fr. ; les branches des arbres rompaient sous le poids des hommes. Tous ceux qui ont assisté, comme moi, à cette entrée, peuvent rendre temoignage, que le sentiment napoléonien fût *réveillé* à un point *excessif* et chacun disait, si le héros se relevait de son cercueil, on le porterait en triomphe aux Tuileries.

Es-ce tout? Non. —Le roi Louis Philippe permit au frère de l'Empereur, le Prince Jérome et à son fils, d'habiter Paris. = Il autorisa le transport à Saint Leu, du corps du roi Louis, père de l'Empereur, et permit d'y célébrer un service anniversaire, comme celui qui se fesait à Ruel pour l'Impératrice et pour la reine Hortense. Ces cérémonies, auxquelles la Garde Nationale avait permission d'assister en uniforme, entretenaient dans le peuple, le culte pour la Famille Impériale; enfin, le Roi Louis Philippe appela à la Pairie, aux Ambassades, à la Chambre des Députés et acceuillit aux Tuileries avec une bienveillance particulière, tous les noms qui rappelaient l'Empire et qui s'y rattachaient, et dans le même moment, le Roi replaçait dans les administrations les anciens serviteurs du Gouvernement impérial. — Si l'on consulte les almanachs de l'époque, on verra que nous n'avançons rien, qui ne soit la vérité. — A mon sentiment, les d'Orléans, pendant leur règne, ont préparé le retour de la dynastie de Napoléon, et plutard, leurs amis, ont été la cause involontaire, de la candidature du Prince Louis Napoléon Bonaparte, aujourd'hui Empereur. — Je ne parle pas de leur mansuétude, mais je pense, que si un d'Orléans, était pris en France, les armes à la main, comme le Prince Napoléon Louis l'a été, je pense, dis-je, qu'on se bournerait pas à l'emprisonner.

Ces réflexions, me sont suggérées, par le regret que j'ai ressenti, pour la gloire du Prince Président, du décret de confiscation des biens de la famille d'Orléans. Napoléon III était tout puissant en France et n'avait pas besoin de créer ce facheux précédent !

Mais, revenons à l'élection du Prince.

Une fois la candidature posée, nous n'étions pas hommes à la retirer, ni à la laisser tomber. — Bien plus, il fallait réussir ; car un échec, laissait le Prince en exil, et bien que tout n'aurait pas été perdu pour cela, nous avions à redouter l'effet moral, qui aurait retardé le triomphe de notre cause par le moyen du suffrage universel. — Ajoutons, que le Prince et M. Persigny, qui n'avaient pas une foi bien vive dans ce moyen, s'en seraient écartés complètement — Il fallait donc réussir.

Nous avions contre nous, le Gouvernement provisoire, la majorité de l'Assemblée constituante, toute la presse, la police, le commandant de la Garde nationale, le commandant militaire, les chefs de la Garde mobile, les socialistes du Luxembourg, les chefs des ateliers nationaux, une partie des Orléanistes et tout les imployés dans les administrations.

Certes, il y avait de quoi douter du succès, et en regardant le vote dans cet ensemble, un échec était vraisemblable ; mais en classant séparément les opinions, en tenant compte du résultat de la propagande organisée secrètement depuis le mois de mars, et en comptant sur les voix des hommes d'ordre qui effrayés depuis l'attentat du 15 mai, devaient naturellement et de preférence, se porter sur le Prince, dont le nom était une garantie de paix, on arrivait à un résultat satisfesant. J'étais donc tranquille sur la nomination du Prince et je tâchais de faire passer ma confiance dans l' esprit de M. de Persigny. Mais pour atteindre notre but, il ne fallait pas rester les bras croisés. une fois l'affiche de la candidature posée, comme ont fait les Orléanistes, il fallait se mettre au travail, avec courage et persévérance, jusqu'à la dernière minute de l' ouverture du scrutin, et c'est ce que nous avons fait.

Remarquons que nous n'avions avec nous, aucun des grands noms du premier Empire; ces messieurs, à l'égal des sommités orléanistes, se tenaient à l'écart, et il en eut été de la candidature de Prince Louis Napoléon, comme de celle du Prince de Joinville, elle serait tombée, si quelques hommes de courage, et de dévouement sincère, n'avaient pris à cœur sa réussite

Je l'ai dit précédemment, et je rappelle que M. de Persigny et moi, agissions d'accord, chacun dans nos rélations, à répandre l'idée napoléonienne et á faire des partisants au Prince; que, M. de Persigny s'était chargé plus spécialement de contenir le zèle des vieux de la Vieille, et de choisir sur la liste, dont j'ai donné les noms, les personnes qu'il croirait devoir employer, dans le moment du vôte.

De mon côté, j'avais à donner des

instructions, aux personnes qui, sur ma demande, travaillaient secrètement, depuis le mois de Mars, à réveiller les sentiments du peuple, pour le Prince, et à les engager à redoubler d'activité, pour augmenter le nombre de voix dejà acquises.

Pour les uns, comme pour les autres, la pose des affiches, portant la candidature du Prince, était le signal de l'action et sans se connaître, tous devaient se trouver d'accord, pour mettre dans l'urne le nom du Prince Louis Napoléon Bonaparte. — M. de Persigny confia la pose des affiches, la distribution des écrits et des médailles, et plustard la distribution des bulletins de vote, aux citoyens:

Clapier, tapissier.

Defronda, graveur décoré de Juillet.

Damerval, ouvrier vanier.

Adolphe, ouvrier bottier

HUBERT, ouvrier argenteur.

LABREGAL, charbonnier.

CREMIÈRE, charbonnier.

THÉLIN, marchand de tabac.

ARCHAMBAULT, se chargea de faire les barrières.

N....... ouvrier sellier, se chargea de Montmartre.

M. Clapier eut la direction générale de la pose des affiches.

Chacun avait son quartier à faire, et le soir et le matin, on se réunissait au passage des Panoramas, Galerie des Variétés, chez le citoyen Devaux, bottier, c'était le quartier général.

Je dois mentionner ici, que c'est dans la soupante de la boutique de M. Devaux, que j'eus l'honneur de faire la connaissance de M. Laity. Je m'en félicite tous les jours.

Les journaux, sans exception, étaient

hostiles à l'élection du Prince; nous n'avions pas à compter sur eux, pour annoncer sa candidature ; il fallait donc suppléer à ce manque de publicité, par des affiches placardés sur les murs de Paris, en plus grand nombre possible. Ensuite, il fallait veiller à ce que ces affiches, fussent posées dans les meilleures places, et veiller, à ce qu'elles y restassent. Aussi. ce fut avec le plus grand soin, et avec la plus grande activité, que M. de Persigny et moi, traversions Paris dans tous les sens, depuis l' aube du jour, jusqu'à la nuit. — Nous nous arrêtions à tous les coins des rues qui aboutissaient sur les boulevards et dans celles, qui donnaient dans les grandes artères, afin d'examiner si on avait posé des affiches; nous prenions note, des endroits où il en manquait et nous en fesions mettre. La foule était grande devant les affiches qu' on lisait avec avidité. M. de Persigny et moi approchions des groupes, nous écoutions les conversations qui en étaient la suite, et nous nous rendions ainsi compte de l'impression qu'exerçait cette candidature inattendue. Dans beaucoup d'endroits, les agents de police, et les révolutionnaires, arrachaient les affiches, et aussitôt, nous les fesions remplacer. Ne disposant d'aucun journal, nous fimes imprimer de petites affiches sur papier in-12° que l'on répandait sur les boulevards, dans les rues, dans les Cafés, chez les marchands de tabac etc. En voici le modèle :

CANDIDATURE

de

LOUIS NAPOLÉON BONAPARTE

AUX CITOYENS ELECTEURS DE LA SEINE

Citoyens,

« Nous avons encore un membre de « la famille Napoléon, éloigné de France. « Souvenez vous, citoyens, que ce ne sont « pas les français qui ont éxilé le glorieux « martyr de Sainte Hélène, mais les bayonnet- « tes étangères qui sont venues nous impo- « ser une famille odieuse, qui à constam- « ment travaillé à la ruine de notre patrie.

« Rappelons nous tous les bienfaits de « Napoléon et sa grandeur infinie.

« Rappelons nous aussi les bienfaits et « la grandeur d'âme de Josephine la bien « aimée de la France.

« Nommons tous Napoléon Louis Bo-« naparte, petits fils de Josephine, neveu « du grand Napoléon : il est digne de son « oncle par son courage et par ses idées « démocratiques.

« Lisez l'extinction du paupérisme, qu'il « a écrit à la prison de Ham. Je suis sur « que vous saurez apprécier son cœur, ses « talents et son amour du peuple.

Vive la république !

salut et fraternité

signé Damerval

ancien militaire aujourd'hui ouvrier vanier
17 à la halle aux blés

Comme toujours, en pareille circonstance, ces grossiers moyens réussissaient; ajoutons la distribution de médailles, de portraits du Prince, de petites historiettes, le tout accompagné de belles et nombreuses promesses, pour un avenir prochain, et on aura la clef de notre secret pour réussir. — Je dois mentionner une marque de dévouement que M. Dumoulin donna au Prince ; il fit poser sur les murs de Paris une affiche favorable à l'électton. — En la lisant, M. de Persigny et moi, fumes surpris et satisfaits, mais ne sachant d'ou venait ce secours, nous allâmes chez l'imprimeur dont le nom se trouvait au bas, et c'est là que nous connûmes l'auteur.

Tout regrettable qu'il soit, je ne puis m'empêcher de mentionner un fait; le Prince, qui jusque là, était resté dans l'abstention la plus complète, entra personnellement dans la lice, en adressant de petites lettres autographes à quelques individus de la liste de Persigny. Ainsi le charbonnier Labregal, le cordonnier Devaux et quelques autres en reçurent. Je ne sais, qui a donné ce facheux conseil au Prince, mais je ne cachais pas à M. de Persigny, le déplaisir que j'en éprouvais, et lui dis, que l'immense distance entre le Prince et ces citoyens, ne pouvait sans inconvénient être ainsi franchie.

Ces lettres, dira-t-on, n'avaient pas de portée, leur contenu était insignifiant ; j'en conviens, mais aux yeux de certaines personnes, un autographe du Prince, aujourd'hui Empereur a dù prix : c'est un affaire de sentiment. Le Prince et Persigny doutaient de la réussite, et ils pensèrent bien faire, en employant ce moyen, qui paraissait puissant à leurs yeux; mais ils fesaient erreur, et le résultat a démontré, qu'on pouvait arriver sans y avoir recours. Ces lettres ont eu l'inconvénient de mécontenter les serviteurs, qui n'en recevaient pas, et d'inspirer à nos adversaires la pensée d'en fabriquer de fausses et de les repandre; on fit plus, on osa afficher sur les murs de Paris une prétendue lettre, écrite de Londres par le Prince, et pour en prévenir le mauvais effet, nous fumes obligés de faire inserrer dans quelques journaux, la note suivante, que M. de Persigny rédigea.

« Une affiche placardée sur les murs de « Paris contient une lettre signée Louis Napoléon Bonaparte. Cette lettre est l'œuvre « d'un faussaire qui c'est proposé, sans « doute, par cette indigne manœuvre de « faire échouer se candidature. »

En portant cette note aux journaux la *Presse*, l'*Assemblée nationale* et les *Débats*, l'occasion se présenta naturellement de parler de la candidature du Prince et des causes de réussite qu'elle pouvait avoir. M. Emile de Girardin et M. de Lavalette que j'avais l'honneur de connaître personnellement, sourirent de voir la confiance que j'avais dans le succès de cette élection et parurent surpris, lorsque je leur présentai mon ami M. de Persigny.

Ces messieurs ne croyaint pas, que le Prince put être nommé, et selon l'appréciation de M. de Girardin, il pouvait avoir tout au plus 10 mille voix, et selon M. de La Valette 20 mille: M. Bertin du Journal des Débats fut celui dont l'appréciation fût plus juste, il nous dit, si le Priuce obtient 35 à 40 mille voix, ce sera un très beau succès, et alors il pourra espérer d'être nommé plustard.

L'opinion émise par ces trois célebrités de la presse, était celle de la Bourgeoisie, de la Magistrature, du Palais, des Généraux des Propriétaires, du Clergé , et dans cette classe de la société, je n'étais pas pris au sérieux , chaque fois que j' émettrais mon opinion, sur la retour du Prince en France, et sur son avénement prochain au trône.

La note parut le lendemain dans les journaux du matin, elle fit grand bien, mais elle ne suffit pas encore, à détruire le facheux effet que la fausse lettre avait produit. Il fallut alors, montrer les lettres que le Prince écrivait, et ce fut encore là un inconvénient, parceque ceux auxquels on les montrait, pour obtenir le vote, voulaient également en recevoir. Alors on fut obligé de promettre des lettres du Prince, comme ou promettait des *Places*, comme on promettait des *décorations*, comme on promettait tout ce qu'on demandait, et mille fois plus, qu'on ne pouvait tenir. — On se tromperait cependant grandement, si on attachait quelqu'importance à ces lettres du Prince, et pour que l'imagination, ou l'esprit de parti, ne puisse leur donner une signification qu'elles n'avaient pas, il me semble utile d'en citer une.

Londres le 2 Juin 1848

Mon cher monsieur Devaux.

« Je suis toujours bien reconnaissant « des preuves d'attachement que vous me « donnez et j'espère bientôt vous en remer- « cier de vive voix. Cependant je ne crois « pas que le temps soit encore venu pour « moi de rentrer en France et de rester à « Paris.

« Si les choses restent comme elles sont « je retournerai néanmoins dans ma patrie « vers le mois d'aout. Recevez l'assurance « de mes sentiments.

signé NAPOLÉON LOUIS B.

On le voit, rien que de très simple, de très doux, de très sympathique, mais rien de significatif; seulement dans cette lettre, datée du 2 Juin 1848, on trouve la confirmation de ce que nous avons dit, et de ce que Persigny disait, que, le Prince ne croyait pas arriver par le suffrage universel, puisqu'à la veille même de son élection, il ne croyait pas que : « Le temps de rentrer en France était venu pour lui. » On a vu, pressenti, travaillé et réussi pour lui ; ce jour là, le Prince n'a pas deviné le sentiment caché, qui portait le peuple vers sa Dynastie.

Nous étions arrivé à l'avant veille des élections, lorsque je m'aperçus, que les affiches arrachées des murs, n'étaient plus remplacées, et qu'elles commençaient à devenir rares; de plus, j'appris par mes agents, que dans la Banlieu, où M. de Persigny et moi n'étions pas allés, car, nous ne pouvions être partout, j'appris, dis je, qui les affiches manquaient complètement. J'en prévins M. de Persigny, qui en avait la direction, et cette ami me parut préoccupé , et sans vouloir s' expliquer , il me demanda d'aller avec lui au passage des Panoramas, chez M. Devaux bottier, où nous saurions d'une manière positive, s'il était vrai, que les affiches, annonçant la candidature du Prince manquaient, et si on n'en avait pas encore posé dans la Banlieu. — Je trouvais dans la boutique les citoyens, Devaux, Clapier et le charbonnier Labrugal qui convinrent du fait et en paraissaient affligés. En les questionnant, j'appris que l'on n'avait pu en faire imprimer qu'une quantité très minime. Je demandais de m'expliquer le motif, et M. Devaux rompant le silence qui se fesait, m'avoua avec un accent touchant de sympathie pour le Prince : « Qu'il « ne fallait attribuer qu'au manque d'argent, « ce malheur, car je ne puis ajouta-t-il, appe« ler d'un autre nom, ce manque de publici« té, qui compromet le succès de l'élection».

J'en voulus un peu à M. de Persigny d'avoir poussé jusqu'à cette extrêmité. la discrétion et la réserve sur ce point délicat, cependant ce sentiment était trop honorable, pour que je ne lui serrasse pas la main et m'adressant à M. Devaux, j'offris ce que j'avais sur moi, dans mon portefeuille, 7 à 800 fr. en billets de la banque. M. Devaux déclara, que cette somme était trop forte ; j'insistais pour qu'il la prit, mais, il persista dans son refus; prenez, dis je, ce qu'il vous faut pour aujourd'hui, et demain je reviendrai vous voir. Le principal, ajoutais-je, est de pourvoir desuite à réparer le mal que peut faire cet état de choses : faites imprimer, sans retard, des affiches, et faites les coller sur les murs de Paris et de la Banlieu. Il faut recommencer sur une échelle plus vaste, parceque le sentiment du peuple se réveille plus fort depuis quelques jours, et nous devons mettre les moyens en rapport avec l' augmentation des forces qui nous arrivent. M. Devaux fit venir un imprimeur, qui restait dans la même galerie, à quelques pas de sa boutique et lui commanda des affiches et des bulletins de vote. L'imprimeur n'avait confectionné que *trois mille* bulletins de vote et se refusait d'en faire d'avantage. Cette circonstance si insignifiante aujourd'hui était ce jour là capitale pour la cause du Prince.

Personne dans Paris, ne donnait, ni voulait donner un centime, pour cette belle cause napoléonienne, tant et si justement pronée aujourd'hui au Senat, au Corps Législatif, au Conseil d'Etat, par les dignitaires qui, alors ! ! . . . .

Et cependant, il ne fallait qu'une goutte d'eau, pour rendre à Louis Napoléon sa patrie ! Car ne perdons pas de vue, que si la nomination du Prince, avait échouée à Paris, il serait resté éxilé pendant longues années encore.

Et bien, cette goutte d'eau, si infime qu'elle ait été, a *rendu possible*, l'élection du Prince; elle n'a pas *fait* l'élection, mais elle a empéché un *échec*. Et cette goute d'eau qui l'a donnée?

Ici, je laisse parler un des principaux acteurs, le tapissier Clapier.

A MONSIEUR ARISTIDE FERRERE

Monsieur,

« Je vous prie de vouloir bien me faire « un certificat qui constate mon identité « comme étant la citoyen qui organisa la « première élection du Prince Louis Napo- « léon Bonaparte, en juin 1848, dans le do- « micile de M. Devaux, bottier, passage des

« Panoramas , où je vous vis la veille de « l'élection, en société avec M. de Persigny. « Si votre mémoire ne vous fait pas défaut « vous devez vous souvenir que M. de Per- « signy me dit en votre présence: — « M. Cla- « pier , rien ne vous arrête maintenant , « vous pouvez faire ce que vous jugerez con- « venable » . — Effectivement, le seul *obstacle* « *que de Persigny, pas plus que nous*, *ne pou-* « *vions vaincre à la minute*, la Providence « le leva en vous envoyant comme un bon « ange, nous apportant l'ancre de salut, « *nos ressources étant très minimes nous* « *ne pouvions plus marcher* ; jugez de la « valeur de votre offrande dans ce moment « difficile ; aussi les quelques centaines de « francs, que vous remittes à M. Devaux, fu- « rent ils acceptés avec empressement, pour « pouvoir continuer de faire imprimer des « affiches; ce qui fit plus, pour propager la

« publicité de l'élection, par de nouveaux « imprimés, que cent mille francs ne feront « aujourd'hui.

« Je vous prie de recevoir, Monsieur, « mes salutations.

Mars 1849

votre tout devoué

signé CLAPIER

Tapissier n. 59, rue d'Hauteville

Cette lettre fait connaître la position, et confirme ce que j'ai dit plus haut. Mais, je ne limitais pas là, mon action, et comme je l'ai fait également par la suite, (et depuis j'ai réconnu que c'était une faute, un excès de zèle) j'agissais activement par moi même.

Je me rendis immédiatement au passage du Caire, chez M. Jules Juteau imprimeur, je commandais trente mille bulletins et le dimanche à 4 heure du matin (jour du vôte) le délégué des charbonniers, le sieur Labrugal,vint en prendre 10 mille chez moi, rue de Faubourg S.t Honoré, n. 134. Je fis distribuer le reste par mes agents.

La pose des affiches annonçant la candidature du Prince n'avait pas eu lieu sans de nombreux incidents, les uns désagréables pour notre opinion, les autres favorables ; ainsi à la place Maubert, il y eut une émeute; on maltraita le colleur, et à trois reprises on déchira les affiches , et à trois reprises, le sieur Clapier donna ordre à son porteur de les replacer. Le mouvement fut si fort un moment, que le citoyen Clapier, fut forcé de se réfugier dans une maison où il trouva protection et appui. Cet appui vint des femmes; elles se réunirent contre les révolutionnaires qui arrachaient les affiches, en disant: si vous ne le voulez pas, nous le voulons nous , et la dernière affiche resta sur le mur.

Le contraire eut lieu sur la route d'Allemagne, les cris de vive l'Empereur , accueillirent la pose de la première affiche et tous les exemplaires, que Clapier avait dans son cabriolet furent enlevés et collées à l'extérieur des maisons. — Le sieur Clapier avait remis des affiches , aux conducteurs des diligences, partant pour les départements et l'on apprit ainsi, au dehors, la candidature de Napoléon, à Paris. —

A Belleville , une femme demanda une affiche à Clapier, celui ci n'en avait plus, il venait de poser la dernière.— « Mais je vous en prie , donnez m'en une ». — Clapier lui montra les mains vides; alors, elle enlève l'affiche, qu'on venait de poser, et se sauve chez elle en disant: « Mon mari est malade, est de savoir qu'on vôte pour Napoléon, cela le guérira ».

Sur la place de l'Hotel de Ville, Clapier et son porteur d'affiches le nommé N . . . . (qui est mort dans la plus affreuse misère, en Algérie) eurent à se défendre, contre une attaque personnelle, de la part des républicains, la lutte s'engagea plus vive par l'intervention de citoyens, qui au nom de la liberté des élections, réclamé par Clapier, déclarèrent que Clapier avait le droit de poser la candidature du citoyen Louis Napoléon, comme celle de tout autre candidat. La foule grossissant, Clapier put se dégager des mains des révolutionnaires et il en profita, pour opérer sa retraite.

A saint Denis, il se passa une scène qui mérite d'être racontée. Le manque d'affiches, n'avait pas permis, qu'on en posat à S.t Denis, et ce ne fut, comme je l'ai dit plus haut, qu'au dernier moment, qu'on put en placer dans Paris et dans la Banlieu, en quantité suffisante, si non pour assurer le succès, du moins pour *éviter un échec*. C'est la raison pour laquelle, Clapier n'arriva que le dimanche matin à S.t Denis, au moment où le scrutin venait de s'ouvrir. — On avait même commencé à voter. — Aussitôt qu'il posa la première affiche de la candidature du Prince Louis Napoléon, il se forma autour de lui un groupe nombreux d'où s'éleva le cris de vive l'Empereur. — A ce cris, répété par d'autres citoyens, les électeurs qui se trouvaient dans la salle, et dans le cabarets, se réunirent sur la place publique et la manifestation impérialiste fut si prompte, si vive, que Clapier, craignant l'intervention de la police, se dégagea, en livrant les affiches, et les bulletins de vôte qu'il avait à la main et remonta dans son cabriolet pour s'en retourner. Mais avant que le cocher ait eu le temps d'arranger le cheval, et de prendre le rènes, la voiture fut assiégée par le peuple, qui en fit déscendre Clapier, monta dedans, prit toutes les affiches et les bulletins de vôte qui s'y trouvaient, et entraina, ou pour mieux dire, porta Clapier, jusques dans la salle où l'on votait, afin qu'il put voir par lui même, l'entousiasme et l'ensemble avec lequel on allait voter pour le Prince. En effet, sans respect pour la loi, on renversa l'urne dans laquelle on avait déjà mis des bulletins, et le bureau recommença l'opération aux cris de vive Napoléon. — On fêta Clapier et l'on voulut le retenir jusqu'après le dépouillement, mais il put se soustraire et revenir à Paris. — Ce fait, est une preuve, que les bulletins que j'avais fait imprimer, étaient nécessaires, et qu'ils servirent utilement, à l'élection du Prince.

Je m'arrête, il y aurait trop d'épizodes à raconter, ensuite, elles n'intéressent que peu de personnes, parcequ'elles ne sont qu'une affaire de sentiment, et l'on sait, le cas, que les hommes politiques en font.

Le dépouillement des vôtes à l'Hotel de ville, nous combla de joie, le Prince était nommé. Les sieurs Labrugal charbonnier et Clapier tapissier, vinrent en apporter la nouvelle, chez M. de Persigny rue Saint Georges.

Je le proclame bien vite et bien haut, c'est au peuple seul, qu'est due la nomination du Prince Louis Napoléon, son rappel de l'exil; nous n'avons fait que réveiller le sentiment du peuple, pour le neveu de l'Empereur; nous avons *aidé* à la manifestation de ce sentiment, et s'il y a un *mérite* à l'avoir fait, j'en réclame ma bonne part, ma *grande* part. —

Qu'on me permette une simple réflexion sur l'élection de juin. —

J'ai dit que le Prince de Joinville aurait été nommé et je vais le démontrer.

Il y avait 415, 317 électeurs inscrits — la moitié composée d'hommes d'ordre, mais pusillanimes, effragés sans doute de l'attaque de l'assemblée par Hébert, Barbès, s'abstinrent, au lieu d'avoir le courage de lutter également, pacifiquement. —

Il restait 249, 392 électeurs qui ont pris part au vôte. —

La moitié de ces électeurs appartenaient au parti révolutionnaire — il était au grand complet, et leurs candidats étaient Causidières, Victor Hugo, P.e Leroux etc.

L'autre moitié représentait l'opinion monarchique, c'était des hommes d'ordre, et leurs candidats étaient, le général Changarnier, M. Thiers, le Prince Louis Napoléon — honneur et mémoire à ce petit nombre d'électeurs qui abandonnés de leurs amis politiques, ont eu le courage de leur opinion et n'ont pas craint de lutter contre les passions révolutionnaires. — C'est à eux que nous devons la nomination du Prince aujourd'hui Emperenr, et qu'on aurait dû celle du Prince de Joinville, si on l'eut maintenue. — Les chiffres vont le prouver.

En effet :

Caussidières obtint	137,000 voix	242539
Général Changarnier	105,539	
M. Thiers eut	97,394 voix	184304
M. Victor Hugo	86,960	
Le Prince L. Napoléon	84,420 voix	151420
P.[e] Leroux	67,000	

On le voit, les électeurs présants au vote, formaient deux camps; et pour tout homme impartial, il est évident que les voix orléanistes données au Général Changarnier et à M. Thiers se seraient portées sur le Prince de Joinville, qui eut été nommé à la même majorité des voix que ces deux candidats monarchiques. Mais, nous allons plus loin, et nous sommes persuadé, que, si la candidature du Prince de Joinville n'eut pas été abandonnée, une grande partie des 170 mille électeurs d'opinion monarchique qui se sont abstenus auraient pris part au vôte, et leurs voix se seraient portées sur le Prince de Joinville qui aurait été nommé représentant du peuple à une majorité plus forte, qu'aucun des autres candidats.

Si l'on veut se rappeler, qu'au mois de juin 1848, et seize jours avant le terrible combat qui a ensanglanté Paris, le parti révolutionnaire était organisé et armé, qu'il avait voté avec unité et ensemble, pour Caussidières, on est forcé d'admettre, que le nombre de 137 mille voix données à Caussidières, représentait toute la force de ce parti ; donc les 170 mille électeurs qui se sont abstenus étaient d'opinion monarchiques et leurs voix n' auraient pas fait défaut au Prince de Joinville.

Remarquons encore que, le Prince de Joinville n'étant pas l'héritier direct au trône, sa position eut été bonne pour se porter candidat à la Présidence, six mois après sa nomination. Alors, les chances du Prince Louis Napoléon auraient diminué, car ce n'eut pas été, de la candidature du général Cavaignac qui représentait le parti républicain qu'il aurait eu à triompher, mais de celle autrement puissante, d'un Prince d'Orléans ! Les opinions monarchiques réprésentées par Louis Napoléon, et le Prince de Joinville, se seraient trouvées en présence. La lutte eut été vive, sérieuse et notre tâche plus difficile, mais le courage, ne nous aurait pas manqué, et comme la foi opère des miracles, mon opinion est, que nous aurions encore réussi!

En terminant ces réflexions qui naissent du sujet, je tiens à constater, que l'élection du Prince, est due aux hommes d'ordre, qui en général sont monarchiques. Ces hommes, ne sont pas, seulement, dans les classes élevées de la société, ils se trouvent en très grand nombre parmi les hommes de métiers, parmi les artisants, les boutiquiers, les marchands en demi gros, les petits rentiers, les domestiques; pour travailler, cette classe a besoin d'ordre et de tranquillité dans les rues, et ce sont ces électeurs, au nombre de 84 mille, qui ont nommé le Prince Louis Napoléon. Ils ont également porté leurs voix sur le Général Changarnier, et si celui-ci a eu 20 mille voix *de plus*, que le Prince, ces voix sont celles de la classe élevée, qui, à cette époque *ne voulait* pas du

Prince Louis Napoléon. Ainsi 84,000 voix de la classe du peuple, plus 21,000 de la classe élevée et de la bourgeoisie, forment les 105,000 voix données au général Changarnier par les hommes d'ordre répresentés aux élections.

J'ai tenu á démontrer que l'élection du Prince était dûe aux hommes d'opinions monarchiques de la classe du peuple: 1° parceque, c'est dans cette classe, que j'ai fait de la propagande, comme il est prouvé et par ma correspondance, et par mon procès politique.

2.° Parceque ce fait, met au néant, l'accusation d' avoir fait appel au fanatisme militaire, comme l'a dit à la tribune M. de Lamartine, membre du Gouvernement Provisoire.

3.° Parcequ' aux autres élections du Prince, je n'ai pas changé d'opinion, ni de conduite ; mes circulaires sont restées monarchiques, et je n'ai pas discontinué de présenter le Prince, comme l'homme de la conciliation et de l'avenir, tandis que d'autres de ses amis, fesaient appel aux opinions les plus avancées, aux souvenirs les plus vendicatifs. En veut-on la preuve?

Voici, en quels termes, le Général Montholon sollicitait les suffrages du peuple pour le Prince. — Il déclarait que :

« le Prince se présentait aux électeurs, « comme un bon patriote, comme un ré-« publicain sincère, qui fera tout ce qui « dépendra de lui, pour que la France, soit « et reste républicaine ». Et au lieu de prêcher la conciliation, cette circulaire rappelait « les sanglans souvenirs des réactions « royales de 1816 et cette loi qui bannis-« sait en masse nos plus illustres citoyens « et livrait au bourreau le Maréchal Ney de « la Moskowa. »

Un autre ami du Prince, affichait dans Paris, que: « Le citoyen Louis Napoléon Bo- « naparte a donné depuis longtemps des « preuves incontestables, de la vérité de ses « opinions républicaines, en déclarant qu'il « n'avait jamais cru, et qu'il ne croirait ja- « mais, que la France, fut l'appanage d'un « homme ou d'une famille. — Le peuple à « parlé, il a proclamé la république démo- « cratique, Louis Napoléon la défendra avec « nous. »

Un troisième ami du Prince, fesait imprimer et afficher que: « Cet enfant de « Paris, notre frère à tous, une fois assis « au sein de l' Assemblée, où nous l'aurons « appelé, sa voix se réunira toujours à cel- « les qui démanderont l'application franche « et loyale, de notre immortelle devise ! »

Liberté, Egalité. Fraternité.

Un quatrième ami du Prince, fesait afficher que: « La république, grande, fraternelle, est dans le cœur, dans la pensée de « Louis Napoléon Bonaparte; comme nous, il « veut le développement le plus complet du « principe démocratique ».

Je n'en finirai pas s'il fallait tout citer, Maintenant, mettons en regard de ces appels trompeurs, quelques extraits de mes circulaires, et comparons.

Dans ma première circulaire datée de Londres, 15 Juillet 1848, et intitulée :

DE

LOUIS NAPOLEON BONAPARTE

comme principe d'ordre et de stabilité en France

Je disais . . . .

. . . .

« Mais, ce principe d'ordre et de stabi- « lité, sans lequel aucun gouvernement n'est

« possible, existe-t-il davantage dans la nou-
« velle forme de gouvernement établi en fé-
« vrier ?

« Il est permis d'en douter, en voyant « le premier effet des actes de la république. « Ce Gouvernement a laissé les mauvaises « passions se déchainer dans les rues et « dans les clubs, jusqu'au point d'amener une « lutte sanglante et terrible entre citoyens. « La sécurité n'est nulle part, la confiance « est détruite, le crédit n'existe plus pour « personne, et la propriété comme le com- « merce et l'industrie, voient ajouter aux « anciennes charges, des charges nouvelles, « sans pouvoir assigner un terme à ces sa- « crifices. —

« Cet état des choses n'est pas dura- « ble, et n'inspire aucune garantie pour l'a- « venir.

« Il est donc de l' interêt général, de

« prendre dans la famille de Napoléon, « que la souveraineté du peuple, a élevé « au pouvoir, ce principe d'ordre et de « stabilité, que les Bourbons n'ont pu donner, « et que la république n'offre pas.

« C'est donc, au neveu de l'Empereur, « à Louis Napoléon Bonaparte, qu'appartient « le bonheur de concilier les partis, d'étein- « dre les discordes civiles, de relever le « commerce, et de conduire la France vers « un avenir de gloire et de prospérité.

. . . .

Les écrits qu'il a publié, et la diversité « des questions qu'il a traité, d'une manière « si remarquable, prouvent que. dans l'exil, « il s'est constamment occupé de tout ce « qui avait rapport, aux interêts de la France.

Louis Napoléon aime la liberté ; il croit « la paix utile au bien être des peuples, « ses desirs, sont de la conserver, et d'en é-

» tendre les bienfaits, par la révision des « tarifs, qui ne sont plus en harmonie, avec « les idées du jour, avec les besoins du « peuple.

« En consacrant à l'armée, ses senti- « ments les plus affectueux, Louis Napoléon « pense, que le chiffre en est beaucoup trop « élevé, et qu'une réduction considerable, « est praticable. Elle cadre, avec ses idées, « de donner au commerce, à l'industrie et « à l'agriculture, une grande et nouvelle « extension.

« Tel est l'homme, que les factions ne « cessent pas de calomnier, et de traiter « d'ambitieux ; son ambition, chers conci- « toyens, c'est de pouvoir rendre, d'abord, la « tranquillité à la France, d'y établir un « gouvernement fort, et stable, et avec l'aide « de notre jeune, intelligente et brave gé- « nération, lui donner, ensuite, la grandeur

« et la puissance, que nos divisions lui ravis- « sent. Le vote universel, vous en fournit « le moyen, car vous formez la grande majo- « rité dans la nation, et, en appelant le neveu « de l'Empereur au Pouvoir, vos sentiments « napoléoniens d'aujourd'hui, répondant à « ceux de vos pères, auront sauvé, une se- « conde fois, la France de l'anarchie.

Que Dieu le veuille ainsi !

ARISTIDE FERRERE.

Remarquons, que cette première circulaire, a été imprimée, publiée, et répandue au plus fort de la dictature du Général Cavaignac, le 15 Juillet 1848, alors que M. de Persigny, était encore en prison.

Ma troisième circulaire porte :

. . . .

« La position de Louis Napoléon Bona-« parte est exceptionelle, et des plus favora-« bles. Etranger à tous les partis, il peut « les concilier tous, car il n'aura pas à sa-« tisfaire, les haines des uns, ni l'ambition « des autres ; il ne restera pas dans le cercle « étroit des coteries de Paris ; ses intentions « sont de choisir, dans les Conseils généraux « de département et dans les Conseils d'ar-« rondissement, les hommes d'intelligence, « qui s'y trouvent en nombre, et d'appeler « à lui, toutes les capacités, sans distinction « de leur passé.

« Son nom est pour tous, un symbole « d'ordre et de stabilitè : il a une influence « immense et incontestable sur les masses, « ce qui lui donnera les moyens de protéger « efficacement la société, contre les attaques « dont elle est menacée, et de diriger dans « des voies de moralité, d'ordre et de tra-

« vail, le peuple, que le manque d'instruc-
« tion, livre sans défense, à des théories
« subversives, qui le conduisent à la misère
« et à la dépravation.

« Plus, la majorité que nous lui donne-
« rons sera grande, plus, il aura de force,
« pour rendre la France prospère à l'inté-
« rieur, et pour suivre à l'extérieur, cette
« politique jeune et pacifique, qui ne se pré-
« occupant, exclusivement, que des interêts
« commerciaux de notre pays, ouvre à notre
« industrie, de nouveaux débouchés, que
« notre position géographique sur la méditer-
« ranée désigne, et que l'état de nos fa-
« briques réclame.

« C'est donc, guidé par le sentiment le
« plus désintéressé, pour le bien de mon
« pays, que je fais appel à votre patriotisme,
« et que dans l' intérêt de tous, je sollicite
« votre concours, et votre appui, pour la no-

« mination de Louis Napoléon Bonaparte.

. . . .

ARISTIDE FERRÈRE.

Par ces fragmens de circulaires, écrites par différens amis du Prince, on peut juger de quel côté se trouvait la vérité, la modération, la dignité et le respect pour le Prince. — Ou du côté, de ceux qui, en fesant appel aux passions, ont dit au peuple, ce qu'ils savaient ne pas être la vérité, à savoir que « *Louis Napoléon conserverait la république et qu'il repudiait l'héritage de son oncle* » Ou du côté, de celui qui s'est adressé aux nobles instincts de la nation, et fesait appel, non pas seulement aux hommes *dévoués*, mais à toutes les intelligences, sans distinction de leur passé politique, et les conviait à se réunir *à l'Empire qu'il demandait franchement*? L'amitié dont le Prince m'honorait à cette époque, me fesait penser que j'étais l'interprête de ses sentiments, et qu'en agissant ainsi, je le servais utilement, et selon ses intentions. J'ajoute, que les nombreuses lettres que j'ai reçu, et dont je donnerai copie, dans le second volume, fournissent la preuve, que ma manière de voir était partagée, et qu'elle a rattaché, à la cause du Prince, un grand nombre de négociants, de manufacturiers, de marchands, de propiétaires, d'agriculteurs, d'anciens fonctionnaires, ecc.

Mais, ne dévançons pas l'ordre des faits; lorsque je raconterai l'histoire de l'élection de septembre, je donnerai les détails les plus précis, qui ne laisseront pas de doute, sur l'utilité de mes circulaires. En attendant, je ne puis m'empêcher de faire remarquer, les faveurs toutes particulières, accordées aux auteurs, des circulaires trompeusement républicaines, et l'oubli dans lequel on a laissé, l'auteur des circulaires, qui prêchaient l'Empire, comme étant le Gouvernement, qui pouvait nous donner la liberté, l'ordre, la stabilité et la paix.

En voyant une telle préférence, ne peut-on pas se demander, pour lequel des deux drapeaux était le Prince ?— Car, évidemment, pour tout homme impartial, on avait élevé dans l'élection de septembre, deux drapeaux, l'un bleu, l'autre . . . . Mais, reprenons le cours de la narration de l'élection de juin. = Nous reviendrons sur ce sujet, que nous ne fesons que signaler, et nous le traiterons, avec les pièces sous les yeux, dans notre second volume.

Aussitôt que nous apprimes la nomination du Prince, il fut décidé que M. de Persigny et M. Laity se rendraient immediatement à Londres pour le complimenter. J'écrivis en leur présence et je remis á M. de Persigny une lettre de félicitation adressée à

S. A. I. Pendant que je la rédigeais ces deux amis m' engagèrent à profitter de la circonstance pour demander la charge que je souhaitais occuper auprès du Prince. J'hésitais dabord, mais je cédais devant les justes et sages observations qui me furent faites, de l'utilité d'être réunis autour de S. A. I. au moment de son arrivée au Pouvoir, afin de ne pas nous trouver à l'écart, et par-suite, dans l'impossibilité de tenir les promesses faites par chacun de nous, si d'autres que nous, occupaient les hautes positions dans le Gouvernement : enfin, ma demande était conforme, à ce qui avait été convenu dans ma conversation avec M de Persigny, en mars 1848. D'accord sur ces points, j'exprimai le désir, d'être nommé, Intendant Gènéral de la liste civile, ajoutant, que cette charge restant en dehors de la politique, était plus dans les habitudes de ma vie.

A son retour de Londres, M. de Persigny me rapporta que, le *Prince avait accueilli ma demande*, *avec l'empressement le plus bienveillant*; et en effet, deux semaines après, *S. A. I. elle même*, m'a *renouvelé cette promesse*, *dans les termes les plus flatteurs*, comme on le verra plus loin. Lorsqu'on pense à ce qui s'en est suivi, le cœur se serre, l'âme s'attriste, et l'illusion qu'il pouvait exister un Prince reconnaissant, disparait.

CHAPITRE IV.

Rassemblements. — Arrestation de M. de Persigny. — Première lettre du Prince, à M. le Président de l'Assemblée Constituante, — Son déplorable effet. — Mon départ pour Londres. — Seconde lettre du Prince. — Son bon résultat. — Ma mission en Russie.

Dans sa sagesse, le Prince avait décidé, qu'il n'accepterait pas la députation, et j'en fus enchanté. A mon sentiment, le Prince Louis Napoléon Bonaparte, n'avait pas été nommé, au même titre que ses cousins qui siégeaient à l'assemblée ; il avait été nommé comme neveu de l'Empereur, héritier du trône, et son élection, n'avait pas d'autre signification, ne pouvait pas en avoir d'autre.

En effet, dans ce moment, la loi de proscrition de la famille Bonaparte n'était maintenue que contre lui seul : tous les autres membres étaient rentrés ou pouvaient rentrer en France, mais lui, était proscrit, pourquoi? parcequ'il pouvait revendiquer les droits à la couronne de son oncle.

Ensuite, n'oublions pas, que la propagande dans la classe du peuple, qui venait de le nommer, avait été monarchique, et non républicaine, et que nos promesses aux fournisseurs, avaient été faites en vue du rétablissement de l'Empire. Donc, la démission du Prince. comme représentant du peuple, avait l'avantage de réserver ses droits d'héritier au trône, et d'accepter seulement de sa nomination, le bénéfice de son rappel de l'exil. Le prince devait adresser à M. le président de l'Assemblée Constituante, une lettre, pour témoigner ses remerciments aux électeurs et ses regrets de ne pouvoir faire partie de l'Assemblée. Cette lettre devait arriver à Paris, le lendemain du retour de Londres de M. de Persigny.

La nomination du Prince avait produit une grande agitation dans toutes les classes de la société ; ceux qui n'avaient pas voté pour lui, se proclamaient ses plus ardents partisans, et pendant les quelques jours d'absence de M. de Persigny, il s'était formé chaque soir des rassemblements á la porte saint Denis et à la porte saint Martin. — A son retour de Londres je lui fis connaître mes impressions sur ces rassemblements, dans lesquels on blamait le gouvernement, on approuvait la nomination du Prince, et où l'on voyait percer le germe de la discorde.

Les journaux qui nous étaient tous hostiles publiaient des articles, qui aigrissaient les esprits des Bonapartistes et excitaient les républicains contre nous ; on en jugera par quelques citations qui feront connaître de quel côté est venue l'agression.

« Depuis deux jours les boulevards sont « encombrés de marchands criant : « La bio-« graphie de Louis Bonaparte. Ces biogra-« phies se donnent lorsqu'elles ne s'achetent « pas, et chaque crieur a à coté de lui, un « associé, présentant aux badauds assemblés, « les traits augustes du celèbre personnage.

« On se demande, qui peut fournir les « fonds nécessaires à ces distributions, et le « mobile qui fait agir ces partisants impro-« visés des libertés impériales. (La *Révolution* de 1848, 12 Juin)

« Louis Napoléon a eu deux fois l'avan-« tage d'égayer à ses dépens toute la Fran-« ce ; n'es - ce pas assez ?

« Les imprudents républicains qui mé-« contents à tort ou à raison se jettent dans « ces attroupements font le plus grand bien

« à leurs adversaires qui se rattachent à un « Bourbon cadet, soit qu'ils tournent leurs « regards vers cet aigle impérial qui s'était « fait prendre dans une cage à Boulogne en « 1840. (*National*)

« Hier matin plusieurs personnes ont vu « placardé aux environs de la place du « marché de Nancy, des affiches appelant « les sympathies du peuple sur Napoléon III. « Dejà, dans nos campagnes on parle de « son avénement au trône, comme d'uue « chose probable. Un vigneron d'Arthez « (Meurthe) nous disait naïvement vendredi « dernier, qu'on lui avait assuré, que le « Prince Louis Napoléon, donnait un milliard « à la France pour être Empereur.

« Il parait donc, qu'il y a une nouvelle « charbonnerie, qui a ses émissaires dans « les Départements, pour travailler à la réé- « dification du trône impérial. Que le pays

« se tienne en garde contre toutes ces ten-
« tatives révolutionnaires qui ne peuvent que
« perpétuer l'inquietude qui nous mine,

(Le *Patriote de la Meurthe)*

Nous convenons, qu'on ne pouvait approcher de plus près de la vérité, et dans ce peu de mots, ce journal résume tout ce que nous fesions, et ce que pour ma part j'avais fait, et ce que je continuais à faire.

On publiait des articles de fonds, contre l'opinion napoléonienne et je vais en citer un.

« La manifestation d'hier a eu pour
« ralliement, pour indice de ses desirs, et de
« ses plans, le cri de vive l'Empereur, vive
« Napoléon! Le régime impérial a été le plus
« dur, le plus rétrograde et le plus funeste.

« Quelque bonne volonté que l'on ait,
« on ne peut prendre ces cris pour le comp-
« te de Monsieur Louis Napoléon Bonaparte,

« homme parfaitement *inconnu*, qui n'a « rendu aucun service, qui n'a rempli aucunes « fonctions et dont tout le mérite se borne « à être le neveu de son oncle.

« Prenons donc ces cris pour ce qu'ils « sont, pour les regrets du régime impérial, « mais le régime impéral, c'était le temps « de l'impitoyable conscription; alors, on en- « levait sans réserve les jeunes gens, on « anticipait sur les années et on fesait partir « les enfants de 16 ans. La population était « en coupe règlée. — Ni pauvres ni riches « n'échappaient : les riches payaient deux, « trois hommes à des prix fabuleux, puis fi- « nissaient par être pris comme garde d'hon- « neur. Les pauvres devenaient réfractaires, « mais on avait des préfets dévoués qui « saisissaient les vieux parents des jeunes fu- « gitifs et l'on sévissait contre les pères et « les mères jusqu'à ce qu'on eut rattrapé les « enfants.

« Le régime Impérial! c'était le temps où « l'on restaurait la noblesse.—C'était le temps « du régime du sabre. L'autorité civile n'é- « tait rien. L'autorité militaire était tout. Ja- « mais on ne raisonna moins et on n'obeit « davantage. Le régime Impérial, c'était le « temps de la guerre Européenne; le régime « Impérial c'était le temps des dynasties « secondaires, qui éclosaient comme des « champignons malfaisants sur la souche « mère. — On fesait des rois; on avait un « frère, on lui adjugeait la Westphalie, « un autre frère pour qui on volait l'Espa- « gne. — Un beau frère pour qui Naples « convenait. etc. etc.

« Le régime Impérial, c'était le temps où « il n'y avait ni liberté de la presse, ni « liberté d'association, ni liberté de tribune, « ni liberté d'aucune espèce. — L'Empereur « avait fait de la France une grande geole.

— Comme ce regime n'aurait pas pu du-« rer s'il y avait eu paix, le despotisme en-« gendrait la guerre et la guerre engendrait « le dispotisme.— Toute surveillance de la « part de l'opinion publique était interdite, « tout contrôle était impossible. Aussi le « grand homme put se livrer à tous ses « appetits et finalement il alla de vertige en « vertige, de faute en faute, dans l'abime « où il roula, et où il faillit entrainer la « France.

« Car il ne faut pas l'oublier le regime « Impérial, c'est la double invasion de 1814 « et de 1815. Ces deux choses sont liées « l'une à l'autre, comme cause et effet.— « Ah! comme l'a si bien dit, Paul Louis « Courrier: si nous n'avions pas eu d'Em-« pereur à notre tête, jamais nos femmes « n'auraient entendu le bruit des tambours « ennemis. Il a fallu l'incroyable aberration

« du gouvernement Impérial vers les idées « retrogrades pour ameuter contre nous l'Eu- « rope, au nom de la liberté! Il a fallu toute « la violence déprédatrice de ce régime « pour que rois et peuples aient pu former « l'alliance qui nous a fait succomber.

« Napoléon, en sa qualité de monarque « fut toujours l'ami des Rois et l'ennemi « des peuples. — Son amour pour les vieil- « les dynasties alla au point de lui faire « répudier sa femme et prendre dans la « famille des Césars, comme on disait « alors, une personne qui après la défaite « et une fois échappée à la contrainte des « Tuileries, le traita en vraie fille de gen- « tilhomme.

« En réalité, jamais la révolution n'a eu de « plus puissant adversaire que Napoléon. « Est ce là ce qu'on veut, en criant, vive « l'Empereur? En revanche jamais chute n'a

« été aussi profonde, aussi funeste que la
« sienne: y pense t' on bien quant on crie
« vive l'Empereur!

(Journal le *National*, 12 Juin)

Nous n'avions pas de journaux pour répondre à des attaques aussi violentes, qui se renouvelaient chaque matin, mais ces articles produisaient l'effet contraire à celui qu'on avait en vue; ils échauffaient les esprits, et rendaient les attroupements plus nombreux, et plus hostiles. Les discussions prenaient un caractère de provocation personnelle et dans chaque groupe, il se passait des scènes de pugilat. La police devint impuissante; on appela la Garde Nationale pour dissiper les rassemblements qui augmentaient chaque soir et qui s'étendaient depuis la place de la Madeleine jusqu'à la porte S.t Martin.

L'agitation des esprits devenait extrême, le peuple commençait à s'inquiéter du retard de l'arrivée du Prince ; nous étions à bout d'inventer des canards pour lui faire prendre patience. Et, d'une autre côté, les républicains exaspérés de la nomination du Prince, provoquaient à une lutte. C'était évident pour toutes les personnes qui fréquentaient les rassemblements. Ils étaient armés et nous ne l'étions pas : la partie n'était pas égale, mais si le combat s'était engagé, comme nous représentions l'ordre, tous les bons citoyens se seraient rangés de notre côté, Dans ce moment, le Gouvernement était aveugle, il ne voyait que par Caussidière, et son amour propre, lui fesait desirer de prendre sa révanche de la nomination de Prince ; nomination, que les républicains, et les révolutionnaires, attribuaient à la faiblesse et à l'incurie du Pouvoir.

La police, répandait le bruit, que tout ce mouvement, n'était pas l'expression de la volonté du peuple, que c'était le résultat d'une *conspiration Bonapartiste*, qui se fesait avec l'argent tiré de l'étranger. et que l'on distribuait.

Depuis son retour, Persigny et moi, dînions, le plus souvent, au Café de Paris, et après notre dîner, à l'entrée de la nuit, nous allions aux rassemblements que nous ne quittions que vers minuit, alors que tout rentrait dans la calme. Nous ne fesions, qu'écouter et questionner, mais, deux ou trois fois, j'ai failli me faire un mauvais parti, pour avoir pris part à la conversation, en émettant une opinion contraire a la notre. En sortant de ces épreuves, ma conviction était faite, le Prince pouvait être Empereur, lorsqu'il le voudrait, et c'ést cette conviction, qui a été la règle de ma conduite, par la suite.

Les agents de la police, aidés par les révolutionnaires, et favorisés par la Garde Nationale, entraient dans les groupes, saisissaint les orateurs Bonapartistes et laissaient parler les républicains ; ces injustice étaient suivies de récriminations et de provocations générales, qui forçaient la Garde nationale, à prendre sous sa protection, les Bonapartistes arrêtes, et à les laisser partir. Ces moyens ne réussissant pas, le Gouvernement visa plus haut, afin d'en finir, avec les prétentions du Prince. On eut l'idée, de faire proposer d'annuller l'élection du Prince, par ce motif qu'ayant accepté, d'être citoyen Suisse, il avait perdu par ce fait, la qualité de citoyen français. Au yeux du Gouvernement, et de la majorité de l'Assemblée, le Prince Louis Napoléon était un *étranger* et son élection devait être invalidée. — C'était un coup hardi, décisif pour les destinées du

Prince, mais c'était aussi une question grave qui soulevait une tempête, car nous étions bien déterminés à ne pas céder sur ce point. Mille bruits, mille fausses nouvelles, précurseurs des grands événements circulaient et mettaient la population en émoi. Aussi, les rassemblements commençaient-ils à se former, en *plein jour*, vers trois heures de l'après midi, et le soir, ils étaient si forts, que la Garde nationale ne suffisant plus, pour les dissiper, on employa la mobile.

Essais impuissants, les rassemblements se reformaient plus loin, et plus violents. Nous ne conduisions plus, nous étions entrainé par ces masses composées de révolutionnaires, de Bonapartistes, d'Orléanistes, et de curieux. On retrouvait là, mais plus vives, plus animées, plus ardentes les mêmes opinions qui s'étaient dessinées aux élections. Les hommes monarchiques qui avaient voté pour Changarnier et pour le Prince, et les révolutionnaires qui avaient voté pour Caussidières. Les premièrs soutenaient la nomination du Prince, et criaient vive l' Empereur. — Les seconds plus unis, plus nombreux aux rassemblements, vociféraient contre les Napoléon et contre toutes les Dynasties.

Dans l' état d'irritation où étaient les esprits, la lutte entre citoyens était inévitable, et il n'y avait qu'*une seule personne* qui pouvait l'empêcher d'éclater. — Mais cette personne était à l'étranger, il eut fallu la rappeler, en reconnaissant ses droits.— Cette manière de voir et de sentir, n'était pas celle de nos gouvernants, ils ne voyaient, au contraire, la tranquillité renaître dans le pays, qu' après l'éloignement définitif du Prince, sans s'apercevoir, que quelques jours seulement, les séparaient des sanglantes et malheureuses journées, des 23 et 24 Juin, de regrettable mémoire!!

Remarquons qu'avant ces fatales journées, le Prince avait donné sa démission, M. Persigny était en prison, j'étais envoyé en mission par le Prince, dans une des Cours du Nord, et l'action Bonapartiste était entièrement suspendue. Nous n'étions donc plus un obstacle, au rétablissement de l'ordre, et la responsabilité, des horribles massacres de juin, tombe en entier, sur les hommes politiques, qui étaient alors à la tête du Gouvernement de la république. — Nous repoussons donc, encore une fois, et de toutes nos forces, l'accusation d'avoir fomenté la guerre civile. — Mais reprenons le recit des événements.

Pour ôter tout prétexte à la malveillance et dans des sentiments de paix et de conciliation, le Prince, plus sage, plus politique que nos gouvernants, s'était décidé à rester momentanément à l'étranger ; cependant, la lettre de démission qu'il devait adresser à

M. le Président de l'Assemblée, et que nous attendions depuis une semaine, n'arrivait pas; nous ne pouvions comprendre le motif de ce retard, qui était fâcheux, parceque les rassemblements, dont on nous disait l'unique cause, devenaient tumultueux, agressifs même; chaque jour, plus nombreux et plus hardis, ces rassemblement, commençaient le matin, et vers deux heures, le peuple s'avançait vers la chambre des représentants, et ne paraissait, nullement intimidé, par l'action des Gardes municipaux et de la Garde nationale. Il était évident et demontré pour nous, qu'il y avait un génie malfaisant, qui animait et conduisait ces attroupements et les hommes politiques placés à la tête du Gouvernement, auraient du le voir comme nous. — Je me rappelle parfaitement, que la veille du coup de fusil, tiré sur le général Clément Thomas, un rassemblement de *muets*, (je les appelle ainsi, parceque, ceux là ne criaient pas, vive l'Empereur!) s'était avancé dans la rue Rivoli, jusqu'à la rue Neuve du Luxembourg, et paraissait vouloir forcer l'entrée de la Place de la Concorde, gardée, par la Garde nationale.— Quelques charges de cavalerie de la garde Municipale à cheval, suivie de la Garde Nationale, refoulèrent ces attroupments, dans la rue Castiglione jusqu'à la place Vendôme, et dans la rue d'Alger, jusqu'à saint Roch.— Je me trouvais au milieu de ce rassemblement, et j'affirme, que j'y étais isolé, au milieu d'opinions qui n'étaient pas la mienne. Et comment pouvait-il y avoir des Bonapartistes ? — N'avons nous pas dit, que les partisans du Prince, étaient des artisans, des hommes d'ordre?— Ces hommes travaillaient pendant la journée, et ne venaient aux rassemblements, qu'á la fin du jour, tandis que ceux dont je viens de parler passaient les journées entières sur les rues.— Qui leur donnait du pain?

On demandera — pourquoi j'étais là? — la réponse est facile. La situation, dans laquelle je m'étais placé, m'obligeait à tout voir, tout entendre, par *moi même.*— Et si, un membre du Gouvernement, en eut fait autant, il aurait pu se convaincre, qui le volcan révolutionnaire, allait s'entrouvrir, et que, ce n'était pas contre nous, hommes d'ordre, qu'il fallait porter les coups.

Ce rassemblement composé d'hommes à figures sinistres qui s'étaient rendus séparément ou par petits groupes, rue Rivoli, entre la rue d'Alger et de la rue Neuve du Luxembourg, n'avait été remarqué, par les bourgeois, qu'après avoir été refoulé dans la rue Saint Honoré, depuis la place Vendôme, jusqu'à Saint Roch, mais aussitôt que l'on vit ces figures, les marchands fermèrent leurs boutiques, et remplis d'anxiété, chacun cherchait à savoir ce qui s'était passé, et d'où venait *ce peuple*. Ceci explique l'agitation de cette soirée, et la foule immense, qui remplit les Boulevards, depuis la Madeleine, jusqu'à la porte Saint Martin, où ils duraient encore à une heure et demi du matin.

Les aveugles de l'hotel de Ville, ne croyant avoir à faire qu'avec les partisants du Prince, espérèrent en finir, en prenant des mesures de violence. La police sévit contre tous ceux qui dans les groupes, prononçaient le nom du Prince.— Le commandant de la Garde nationale, reçut des instructions qui le laissèrent, à peuprès libre d'agir comme il l'entendrait, enfin, le Gouvernement fit mettre à l'ordre du jour pour le surlendemain, la discussion sur la validité de l'élection du Prince.

Nous étions sur des charbons ardents, parceque, la lettre du Prince, au Président de l'Assemblée, n'arrivait pas.

Ce qui avait eu lieu la veille, 11 Juin, l'agitation qui s'en était suivi dans la soirée, les bruits qui se répandaient, les figures sinistres que l'on avait vu et qui avaient effrayé un moment, tout cela fit que le matin, tout le monde sortit, pour avoir des nouvelles et, naturellement, les rassemblements se trouvèrent formées à 10 heures du matin, dans chaque quartier.

Ce jour là, comme à l'ordinaire, je fus prendre M. Persigny de bonne heure, et après avoir fait notre tournée du matin, nous nous dirigeâmes vers la place de la Concorde, il pouvait être 3 à 4 heures de l'après midi.— Nous étions, paisiblement, au milieu du peuple dans la rue Royale, près le Ministère de la Marine, lorsqu'un coup de feu se fit entendre; cette détonation produisit un mouvement d'agitation dans les esprits et au milieu des cris, nous pûmes comprendre, qu'on avait tiré sur le Commandant de la Garde nationale.— Nous retournions, tranquillement, vers l'Eglise de la Madeleine, pour aller sur le boulevard, lorsque nous nous sentîmes poussés et de suite enveloppé, par la masse du peuple qui venait d'être refoulé de la place de la Concorde, par l'exécution d'une charge, qui le repoussa d'abord, jusqu'à l'entrée de la rue Saint Honoré et du faubourg Saint Honoré, puis, reprise avec une nouvelle vigueur, et faite avec ensemble, dispersa le rassemblement, partie dans ces deux rues et partie sur la grille de l'Eglise de la Madeleine.

Le mouvement fut si rapide, que Persigny et moi, nous nous trouvâmes seuls; en nous voyant isolés, une nuée de Sergents de ville, fondirent sur nous; nous courumes vers la première porte cochère encore ouvert, celle de la maison N.° 3, place de la Madeleine. — Poussant devant moi Persigny, je rentrais après lui, et je fermais la grille en fer de cette maison, à la face des Sergents de Ville. — Nous restâmes sous la voute jusqu' à ce que tout fut tranquille et n'en sortîmes que les derniers, car la cour était remplie de personnes qui, s' y étaient réfugiées avant nous.

Voici le récit fait à l'Assemblée, par le Général Clément Thomas.

« J'étais occupé à faire évacuer la place « de la Révolution. Je reconnus dans les grou- « pes qui obstruaient la circulation, des sen- « timents peu bienveillants; je dois ajouter « que j'ai reconnu ceux qui composaient ces « groupes, ce sont absolument les mêmes « hommes que ceux que la nécessité de mon

« service m'ont déjà fait rencontrer dans les « troubles à la porte S.t Denis et à la porte « S.t Martin.

« Nous les avons refoulés avec calme, « je dois le dire, et au moment où je mar- « chais, en avant des lignes, un coup de « feu s'est fait entendre.— Etait-il dirigé con- « tre moi?— Je n'en sais rien, mais enfin, « un officier de la Garde nationale a été « gravement atteint ».

Je cite cette rélation parcequ'elle ne fait pas mention, comme l'a dit, M. de La Martine, que: « Plusieurs coups de feu ont « été tirés au cri de Vive l'Empereur Na- « poléon. »

Je reprend mon récit.— Aussitôt notre arrivée, sous la porte cochère de la maison N.° 3, place de la Madeleine, je remarquais un changement dans la phisionomie de M. de Persigny, il me parut rêveur, inquiet;

lorsque nous fumes seuls, je lui en demandais la cause; il me répondit: « Ce n'est « pas à vous qu'en voulaient les Sergents « de Ville, ils ne vous connaissent pas, « c'est à moi ! Je crains d'être arrêté. » Je refléchis une minute et je lui proposai de partir sur le champ pour Chantilly, où était ma famille, et d'y attendre, tranquillement, et en sureté, la lettre que le Prince devait écrire, et qui devait tout calmer ; M. de Persigny refusa disant; la lettre arrivera certainement demain matin, et son contenu apaisera les esprits. La première chose actuellement, est de savoir, si on est allé chez moi. — Persigny restait rue S.t Georges. n, 2, et pour y aller, nous fimes un grand détour, dans le but d'éviter les rassemblements ; nous primes la galerie de la Madeleine, la cour des Coches, le faubourg S.t Honoré, la rue de la Pépinière, la rue S.t Lazare, la rue des Trois-Frères, la rue de la Victoire et la rue S.t Géorges. Personne n'était venu le demander, mais cela ne le tranquillisa pas, et dans la crainte d'une visite de la police, Persigny mit les papiers, qui étaient en ce moment chez lui, dans deux cartons. et les remit à M. Forestier, qui les emporta pour les mettre en sureté.

Nous sortîmes de chez Persigny à la nuit tombante, et nous fumes dîner au café Bignon, au coin du Boulevard et de la rue de la Chaussée d'Antin. Pendant notre dîner, nous apprîmes ce qui s'était passé vers la fin du jour, ainsi qu'á la séance de l'Assemblée. A neuf heures, nous fumes au passage des Panoramas, à notre lieu de réunion, chez Devaux Bottier ; après y être resté quelques minutes, nous primes le chemin de la porte S.t Denis, mais, en sortant du Passage des Panoramas, pour entrer sur les boulevards, Persigny me serre les bras et dit, à voix basse: « Je suis suivi, on ne me quitte pas, on va m'arrêter ». Je regardais l' heure, on pouvait encore prendre le dernier train et aller coucher à Chantilly. J'engageais Persigny à le faire, mais il refusa de nouveau.

Ce soir là, les rassemblements étaient très forts à la porte S t Denis, à cause de ce qui avait eu lieu dans la journée; on parlait de resistence à la force publique, et trouvant M. de Persigny indécis, je proposais d'aller seulement jusqu'au gymnase. Il n'y consentit pas et témoignait le désir de se retirer. Je l'invitais à coucher chez moi, il refusa ; enfin lui dis-je, promenons nous fort avant dans la nuit, ensuite je vous accompagnerai chez vous. « Non, non, me répondit-il convulsi-
« vement, restez ici, et séparons nous, au
« plutôt, c'est nécessaire. Demain matin,

« de très bonne heure, venez chez moi ; la « lettre sera sans doute arrivée, c'est mon « espoir », et me prenant la main, il la serre et traverse le boulevard, si vite, si vite, que je le perdis de vue.

Tout cela fut dit et fait instantanément. Je me trouvai seul ; j'avoue qu'une tristesse s'empara de moi, il me semblait que je venais de perdre un de mes proches, et ce fut alors, seulement, que je crus à la possibilité de l'arrestation de Persigny. Jusque là, j'avais cru que cet ami se fesait illusion, mais à la pensée qu'il pouvait lui arriver malheur, je courus le chercher ; mais on se le rappelle, il y avait tant de monde tous les soirs sur le boulevard à cette epoque, que je le cherchais sans pouvoir le trouver.

L'agitation de la journée, le chagrin de me voir séparé de Persiguy, me rendirent tout triste. Je me dirigeais vers la porte S.t Martin, et je fus mécontent de l'aspect des rassemblements qui, ce soir là, avaient quelque chose de sinistre. On ne parlait que de résister par la force, aux mesures du Gouvernement: on traitait la Garde Nationale, de réactionnaire; on l'accusait d'avoir vôté pour le Prince, et de vouloir rétablir l'Empire; enfin on voyait poindre cette animosité qui éclata quelques jours après, le 23 Juin!

Je n'étais pas satisfait et vers minuit je m'en retournais chez moi par la rue du Caire, où je fus savoir les nouvelles qui pouvaient nous intéresser.

La séance avait été orageuse et mauvaise pour le Prince, puisqu'aux acclamations de l'Assemblée, le pouvoir exécutif avait annoncé qu'il ferait exécuter, en ce qui concerne le Prince, la loi de 1832.

Dans cette séance, on avait proposé au nom du 10e Bureau « De casser l'élection « du Prince, par le motif, que ce n'était « pas comme citoyen qu'il se présentait, mais « comme Prince. C'était admettre un pré- « tendant dans l'Assemblée ; qu'ouvrir la « porte à un seul, c'était l'ouvrir à tous les « prétendants. Si le Prince de Joinville, si « Henri V étaient nommés représentants, les « accepteriez vous ? (*non*, *non*,)

« Et bien le citoyen Louis Bonaparte « n'a t-il pas plus qu'un autre fait acte de « prétendant à deux reprises différentes ? « non, remarquez le, pour renverser le Gou- « vernement qui pesait sur le pays, mais « pour réclamer, au nom du *Senatus-consulte* « l'Empire, comme un droit héréditaire.

SUCHET *rapporteur*.

« M. Marchàl — Considère Louis Napo-
« léon comme un véritable prétendant et
« d'ailleurs Louis Napoléon Bonaparte, n'est
« plus français — il a perdu la nationalité ,
« en acceptant du service en pays étranger ;
« il a accepté en Juin 1838 la qualité de
« citoyen Thurgovien ; donc il n'est plus
« français, il est Suisse (*très-bien*, *très-bien*).

Dans cette séance M. Vieillard essaye de dire quelques paroles remplies de sentiment en faveur du citoyen Louis Bonaparte, et son cousin, le citoyen Napoléon Bonaparte, prit également la parole, en des termes assez ambigüs ; en effet, il commença ainsi :

« Je veux parler du citoyen Napoléon
« Louis. Je ne suis nullement l'apologiste
« de son passé politique. Je suis étranger,
« totalement étranger à ses actes. Mais je
« crois qu'il est de toute justice, de toute
« loyaute d'exercer vis à vis de lui comme

« vis à vis des autres (*lesquels autres* ?)
« certaines lois de justice et de loyauté.

« Il y a des partis, qui sont opposés « à la république, je crois et j'espère qu'ils « sont en bien petite minorité, et que cette « minorité est composée de ce qu'il y a « de *moins bon*, de *moins généreux* dans la « nation ». — Merci, pour les amis du Prince qui venaient de travailler à son élection. Que pense aujourd'hui S. A. I. le Prince Napoleon ? Croit-il toujours que ceux qui sont opposés à la république, soient ce qu'il a de *moins bon*, de *moins généreux*, dans la nation ?

Le lendemain à 6 heures du matin, j'étais chez M. de Persigny. Aussitôt que le Concierge m'apercut, il vint à moi et m'apprit que, vers 3 heures du matin, on etait venu arrêter M. de Persigny, et qu'on l'avait conduit à la conciergerie.

Cette nouvelle me causa un profond chagrin, je puis le dire aujourd'hui, que je ne vois plus M. de Persigny ; je l'aimais et j'ajoute qu'il possède toutes le qualités pour se faire aimer.

Naturellement ma première pensée fut d'aller à lui. — Je me rendis au Ministère de l'intérieur où M. Carteret que je connaissais personnellement, occupait les fonctions de Directeur de la Police. — J'attendis de 9 heures à 11, et par malheur, ce jour là M. Carteret ne vint pas le matin à son cabinet. On me pria de revenir vers trois heures, me donnant l'assurance que je le trouverai.

Pendant que j'attendais l'arrivée de M. Carteret et que je réfléchissais au moyen d'obtenir la liberté de M. de Persigny, il me vint à l'idée, d'aller voir si la lettre du Prince était enfin arrivée à M. le Président de l'Assemblée, et si elle pouvait venir à l'appui de ma demande en liberté de M. de Persigny.— La lettre était bien arrivée, mais hélas! quelle lettre ! mes sentiments pour le Prince, m'empêchent de dire tout ce que j'en ressentis de chagrin, et l'on en jugera par la lecture et par l'impression qu'elle produisit dans l'Assemblée.

Voici le résumé de cette séance, d'après le journal le *National*.

« M. le Président. —Je donne lecture à l'assemblée de la lettre du Citoyen Louis Bonaparte.

« *M. le Président* ,

« Je partais pour me rendre à mon « poste, lorsque j'apprends que mon élection « sert de prétexte à des troubles déplorables « et à des erreurs funestes. Je n'ai pas re-

« cherché l'honneur d'être représentant du « peuple; parceque je savais le soupçon in- « jurieux dont j'étais l'objet. Je recherche- « rais encore moins le pouvoir.

« Si le peuple m'impose des devoirs, je « saurais les remplir (*Mouvement. Vive agi-* « *tation — Oh! oh!*) mais je désavoue tous « ceux qui me prêtent des intentions ambi- « tieuses que je n'ai pas.

« Mon nom est un symbole d'ordre, de « nationalité, de gloire, et ce serait avec « la plus vive douleur que je le verrais ser- « vir à augmenter le trouble et les déchire- « ments de la patrie.

« Pour éviter un pareil malheur, je res- « terais plutôt en éxil; je suis prêt à tous « les sacrifices pour le bonheur de la France. » (*Bruit*), ayez la bonté Monsieur le Prési- « dent, de donner communication de ma « lettre à l'Assemblée.

« Je vous envoie une copie de mes re-
« merciments aux électeurs.

« Recevez l'expression de mes senti-
« ments distingués.

Signé LOUIS NAPOLEON B.

La lecture de cette lettre est suivie de nombreuses marques d'improbation et d'une assez longue agitation.

Le Général Cavaignac, Ministre de la Guerre, quand le silence est rétabli:

« Citoyens Représentants; un membre du
« Gouvernement vous disait avant hier qu'
« une seule personne n'avait pas rompu le
« silence; ce silence a été rompu.— L'émo-
« tion qui m'agite ne me permet pas d'ex-
« primer comme je le voudrais toute ma
« pensée, mais je remarque que dans cette
« pièce qui devient un document historique

« le mot de République n'est pas une seule « fois prononcé. Je me borne à signaler « cette pièce à l'attention de l'Assemblée et « à l'attention et au souvenir de la nation. « *(très bien, trés bien).*

Plusieurs Représentants demandent qu'on déclare à l'instant, le Citoyen Louis Napoléon, déchu de ses droits. — Le Général Cavaignac propose de renvoyer à demain.

M. Jules Favre.— Dans cette assemblée il n'y a qu'un seul sentiment; c'est le sentiment d'indignation si bien exprimée par M. le Ministre de la Guerre *(oui, oui, de toute part)*. Lorsque le 7.e Bureau a proposé à l'Assemblée de valider l'élection du Citoyen Louis Bonaparte. (Un Representant. — *Il n'est plus citoyen)*—

M. Jules Favre. J'entends dire « qu'il n'est plus citoyen ». J'engage l'Assemblée à ne pas substituer la passion à la raison dans ce débat. — Le Citoyen Louis Bonaparte a été admis dans des conditions qui ne nous semblaient pas laisser de doute, mais quand il arrive que le lendemain du jour où nous avons prononcé son admission, non pour lui, mais par respect pour le principe de la souveraineté Nationale, quand il arrive, qu'il porte atteinte à la souveraineté, nous devons lui répondre et c'est dans notre cœur que nous trouverons l'expression de notre indignation ».

« L'Assemblée est *unanime* contre les tentatives *insensées* d'un Citoyen qui voudrait la braver ».

« J'ai dit, qu'il devait être poursuivi si l'on a trouvé la trace de sa main dans les troubles qui ont éclaté ; quant à nous, nous devons être unanimes pour renvoyer la lettre et le document qui l'accompagne au Ministre de la Justice ».

Pour toute personne impartiale, il est évident que cette malencontreuse lettre, avait irrité les esprits, au lieu de les calmer, et que l'Assemblée, sinon à l'unanimité, du moins, à une très forte majorité, penchait pour déclarer que le Prince avait perdu les droits de Citoyen.— Le renvoi de la lettre et des documents, au Ministre de la Justice n'avait pas d'autre raison.— Tout l'avenir du Prince était là.— Sauver cette position, c'était le sauver, c'était lui réserver l'avenir. Et bien, qui de ses *amis*, est allé l'engager à écrire une seconde lettre, pour détruire l'effet de la première?—Qui des personnes qui l'entourent aujourd'hui, a quitté ses occupations, sa famille, est allé à Londres, prévenir le Prince de ce qui se passait et du *péril* où sa *cause se trouvait?*

Hélas! on la chercherait inutilement au Sénat, au Conseil d'Etat, aux Tuileries, on ne l'y trouverait pas, cette personne vit obscurément à l'étranger, et cette personne, c'est moi.

Et, de même qu'à la veille de l'élection, ma petite bourse, avait contribué à éviter un échec, en fesant imprimer des affiches et des boulletins de vote, dont on manquait, de même , mon amitié et mon dévouement, dans ce moment terrible pour le Prince, ne faillirent pas.— Je pris le premier train exprès, et le lendemain matin, j'étais à Londres.

A peine annoncé, le Prince me fit l'honneur, de venir me recevoir au haut de l'escalier, et me prenant les mains, S. A. I. me dit avec *sentiment:*

« Je sais tout ce que vous avez fait, « je vous en remercie, et je ne l'oublierai « *jamais!* Si j'arrive au Pouvoir, vous ne « me quitterez plus. — J'ai chargé M. de

« Persigny de vous le dire, et je suis charmé « de pouvoir vous en donner l'assurance à « vous même ».

Je saluai profondément le Prince, en le remerciant de sa bienveillance, et principalement de l'effusion avec laquelle il daignait me recevoir.

Aussitôt entré, je demandais à S. A. I. si elle avait des nouvelles toutes récentes? Le Prince répondit: Non, mais vous m'en apportez? — Helas! oui, j'ai le chagrin de vous annoncer l'arrestation de M. de Persigny, mais ce qui est plus grave, et ce qui peut avoir des conséquences funestes pour l'avenir, c'est l'irritation de l'Assemblée ; votre lettre au Président, a exaspéré les esprits et je crains une décision qui détruirait nos espérances.

J'ai tout quitté pour venir vous rendre compte de la situation, et vous engager d'aviser sans retard. — Il y a urgence. Le Prince me demanda des détails. qui je donnais; après les avoir entendu, le Prince me dit : « Avez vous pensé au moyen de détourner le coup? » Je viens le chercher, répondis-je, une seconde lettre au Président, mais toute différente de la première. — Daignez l'écrire , Prince , et je repars ce soir même, et demain matin à 11 heures, elle sera remise à M. le Président.—

Mes nouvelles produisirent sur le Prince une impression d'autant plus vive, qu'il ne s'y attendait pas.— L'arrestation de son ami M. de Persigny, et les intentions non douteuses de l'Assemblée, le jetèrent, pendant un moment, dans une profonde méditation. Il en sortit et me fesant l'honneur de m'adresser la parole, il me dit:

« J'aime les personnes qui savent dans « certaines circonstances, prendre une résolu-

« tion d'elles mêmes.— Vous avez bien fait « de venir m'avertir, car j'ignorais tout.— « Je vais écrire cette lettre et vous la por- « terez ».

M. le Docteur Conneau et M. Briffaut étaient présents.— Ce dernier étant sorti, le Prince se mit à écrire la lettre. — Après nous avoir donné connaissance du brouillon M. Conneau dit en souriant: « Prince, écrivez « la, de vôtre plus belle main! »

L'agitation des jours précédents, avait produit sur moi un effet fâcheux pour la circonstance.— A mon départ de Paris, j'étais déjà indisposé par suite d'une hémorragie, et le voyage m'avait rendu tout à fait malade. Cependant, je m'étais présenté immédiatement après mon arrivée à Londres, chez S. A. I. mais, je ne pus y rester plus de deux heures, je rentrais à l'hotel pour me soigner, et vers 5 heures, je retournais chez le Prince, pour prendre la dèpêche et ses instructions.

J'étais si souffrant, que le Prince daigna s'en apercevoir. — Sitôt qu'il connut la cause de mon indisposition , il eut la bonté de m'éviter les fatigues de ce nouveau voyage, et chargea M. Briffaut, de l'honorable mission, d'aller remettre la lettre, à M. le Président de l'Assemblée.

Voici , d'après le journal le *National*, l'effet de cette seconde lettre à l'Assemblée.

M. le Président.— «J'invite l'Assemblée « au silence.— J'ai à lui faire une communi- « cation.— Une nouvelle lettre *(ah! ah!)* du « Citoyen Louis Bonapart m'a été apportée « ce matin.

« J'ai pris toutes les précautions néces- « saires pour m'assurer que cette lettre éma- « nait bien du Citoyen Louis Bonaparte, de « plus comme elle ne m'était pas apportée

« par la poste *(bruits divers)* mais bien par « une personne qui me déclarait que le Ci« toyen Louis Bonaparte lui avait remis cette « lettre à Londres hier à 8 heures du soir « pour me la remettre, j'ai fait signer à cette « personne son nom et j'ai recueilli d'elle » immédiatement des indications sur la ma« nière dont cette lettre lui a été remise par « le Citoyen Louis Bonaparte.

« Cette lettre a été remise hier dans « la soirée à 8 heures par Louis Bonaparte, « lui même, à M. Frédéric Briffaut, homme « de lettres, domicilié à Londres depuis plu« sieurs années et résidant aujourd'hui à « Paris, hotel de Hollande, rue de la Paix.

« M. Briffaut est parti hier soir à 8 « heures du port de Londres pour Douvres. « De Douvres il est reparti immédiatement « pour Boulogne où il est arrivé cette nuit » à 2 heures 1|2; il a quitté Boulogne à 3

« heures 50 minutes et il est arrivé à Paris
» à 8 heures 1|2 et à midi et demi, il était
« à la Présidence de l'Assemblée ».

Voici maintenant le texte de cette lettre:

M. le Président,

« J'étais fier d'avoir été élu représentant « du peuple de Paris, et dans trois autres « Départements : c'était à mes yeux une « ample réparation pour 30 ans d'exil et 6 « années de captivité. Mais, les soupçons in- « jurieux qu'a fait naître mon élection, mais, « les troubles dont elle a été le prétexte, « mais, l'hostilité du pouvoir exécutif, m'im- « posait le devoir de refuser un honneur « qu'on croit avoir été obtenu par l'intrigue ».

« Je desire l'ordre et le maintien d'une « république sage, grande et intelligente. Et

« puisque bien involontairement, je favorise « le désordre, je dépose, non sans de vifs « regrets, ma démission entre vos mains.

« Bientôt, je l'espere, le calme renaîtra, « et me permettra de rentrer en France, « comme le plus simple des citoyens, mais « aussi comme un des plus dévoués au re- « pos et à la prospérité du pays ».

« Recevez etc. etc.

« Signé: LOUIS NAPOLEON BONAPARTE

« J'ai, ajoute M. le Président, après cette lecture, une simple observation à soumettre à l'Assemblée, c'est que l'admission du citoyen Louis Bonaparte n'avait pas été prononcée d'une manière *définitive*, en ce sens, que l'élection n'avait été que *validé* et l'*admission définitive ajournée*, jusqu'à production de pièces constatant l'age et la *nationalité* ».

« Mais, néanmoins, je crois devoir, *maintenant*, transmettre cette lettre qui contient une *démission pure et simple,* à M. le ministre de l'intérieur, afin qu'il avise conformement, au décret de l'Assemblée ».

Maintenant, que la vérité est connue, que les pièces sont sous les yeux du public, je demande à toute personne impartiale :

En allant à Londres, engager le Prince, à écrire cette *seconde lettre*, qui a calmé les esprits des représentants, et prévenu *une décision inévitable et funeste aux droits du Prince, comme citoyen français,* ne lui ai-je pas rendu un service considérable ?

Si ce service avait été rendu par une autre personne, que par moi, j'affirmerai que le Prince lui *doit*, *d'avoir conservé sa qualité de français.*

Sur la tête de qui seraient passés, les droits au trône Impérial, si l'Assemblée eut déclaré, que Louis Bonaparte avait perdu ses droits de citoyen français ? — Sur le Prince Napoléon, fils de Jérome, qui bien que républicain, un peu prononcé, à cette époque, n'en aurait pas moins, très probablement, revendiqué un peu plus tard, ses droits d'héritier à l'Empire.

Lorsque le Prince Louis Napoléon était à Londres, dans une position modeste, poursuivi (comme il le dit lui même dans sa lettre de démission), par des soupçons injurieux, par l'hostilité du Pouvoir, par les préventions de la Bourgeoisie, contre sa personne, le Prince dis-je, reconnaissait que je lui avais *rendu service*. Il me retenait auprès de lui, il m'invitait à sa table, il me présentait à ses amis dans l'aristocratie anglaise, il m'offrait une place, à son côté, dans sa loge au théâtre de la Reine, même dans les jours de Gala. Mais, depuis qu'il est arrivé au Pouvoir, le Prince détourne les yeux, et semble avoir tout oublié. Ce livre lui rappellera les choses que nous avons faites ensemble et celles que j'ai faites séparément. Sa publicité initiera le peuple dans ce qu'il est bon qu'il sache, et la jeunesse qui assistera à de grands événements, que je vois arriver, saura le fond qu'il faut faire, sur les belles promesses, données en éxil, par les Princes héritiers de la Dynastie des Napoléon.

Avant de terminer la narration de cette élection, j'ajouterai, que jusqu'à la fin, les journaux nous ont été hostiles ; en effet, le *National* disait, au sujet de la lettre que j'ai été chercher.

« L'intrigue Bonapartiste a plus d'un « tour dans son sac. Une malencontreuse « lettre, avait *produit un déplorable effet*,

« qu'à cela ne tienne; on possède un style « épistolaire, de la variété la plus commode, « et on écrit, immédiatement, une lettre toute « différente, pour répondre à l'incident qui, « avait signalé la séance d'hier. . . . .

. . . .

« C'est en grande partie aux instigations « de Persigny, et à ses menées, qu'on attri- « buerait, dit on, l'agitation qui s'est produite « depuis quelques jours au nom du héros de « Strasbourg et de Boulogne. On a arrêté « vers 6 heures du soir, à plusieurs reprises, « quinze individus qui résistaient dans les « groupes aux sommations légales, en criant « Vive Napoléon ».

« La Police a été informée que des é- « missaires de Louis Napoléon parcourent la « ville de Rouen dans les plus coupables « intentions ; ils cherchent à corrompre les « soldats et les ouvriers » . . . . . .

« Toute la séance s'est passée à discuter « la question de savoir si le Prince (il faut « bien désigner par son titre le capitaine de « Strasbourg et Boulogne, puisqu'il se « présente sous l'invocation de souvenir de « famille) si disons nous, le Prince Louis « Bonaparte serait admis ou non — L'As- « semblée a voté la validité de l'élection, « mais *différé* l'admission, en *réservant* la « question de la nationalité. Il n'y a en « France, d'autre Empire possible pour lui, « que l'Empire du ridicule. (*National*)

Je m'abstiendrai de reproduire les injures grossières, que d'autres journaux contenaient; ils descendaient si bas, que ce serait salir son nom que de les écrire.

Maintenant que l'on connait :

Le but de mes voyages à Londres en 1846 et 1847, et les projets que j'ai soumis au Prince ; projets, si différents de ceux que, jusqu'alors le Prince, avait cherché à mettre à éxécution;

L'agitation que j' ai organisé, et la propagande secrète que j'ai établi *aussitôt après* la proclamation de la république;

Ce que j'ai fait, pour éviter que l'élection du Prince, ne reçut un échec;

L'initiative que j'ai prise, dans l'envoie de la seconde lettre du Prince à M. le Président de l'Assemblée, lettre, qui a détourné l'Assemblée constituante, de prendre une décision sur la question de nationalité. — On peut juger, si dès le commencement de juin 1848, j'avais déjà rendu service au Prince Louis Napoléon Bonaparte: et si, en *supposant* (ce qui n' est pas), qu'il n'y ait pas eu promesse, engagement d' honneur de m'en récompenser, si ces services seuls, alors qu'ils n'auraient pas été suivis de d'autres, étaient de nature à être oubliés.

Il est des personnes qui n'ont pas fait la millième partie, qui n'ont même rien fait du tout, qui étaient les intimes du Général Cavaignac, Dictateur, et qui cependant occupent des charges, dont le cumul dépasse cent mille francs. — Si l'on suppute les sommes que ces personnes ont perçus, du trésor, depuis le 10 decembre 1848, on arrive à deux millions passés. Si le mérite répondait à ces faveurs, je m'abstiendrai d'en parler, mais, il est de notorieté publique, que ce mérite est très contestable, tout Paris le pense, le voit comme moi, et dit tout bas, ce que je dis, ici, tout haut

Cette première Election de juin, à laquelle si peu de personnes ont pris part, a été la base de l'édifice, que nous voyons si haut aujourd'hui. — Sans elle, le Prince serait resté en exil, ignoré et calomnié.—

Cette élection, lui a *rendu l'espérance et le courage qu'il n'avait plus*, et à partir de ce jour, jusqu'au 1.° décembre qui est la date du second Empire, je n'ai presque pas quitté le Prince, et comme on le verra dans le seconde partie de l'ouvrage, je n'ai pas cessé d'agiter le pays et de faire de la propagande, même au plus fort de la Dictature du Général Cavaignac, pendant l'état de siège.

Remarquons, que le 18 juin , le Prince n'était plus représentant, que M. de Persigny était en prison, que j'étais à Londres , auprès du Prince, qu'un grand nombre des nôtres étaient arrêtes, un plus grand nombre surveillés.— Que les cris de Vive Napoléon, avaient cessés et cependant six jours après, le 24 juin à 7 heures du matin, on se battait dans les faubourgs S.t Antoine, S.t Jacques, S.t Denis, S.t Martin et à 8 heures le rappel se fesait entendre dans toutes les rues de la capitale.— Les insurgés avaient établis, comme par enchántement, des barricades sur tous les points, et la France se rappelle, avec douleur, de ce combat de canibales, qui dura jusqu'au 26.

Aujourd'hui je demande à M. de Lamartine, aux membres du Pouvoir exécutif, aux Représentants et aux Journalistes qui nous ont accusé.— Qui des Bonapartistes ou des républicains, se trouvaient derrière les barricades? La réponse n'est pas douteuse; dès lors, n'est il pas permis de supposer, avec quelque raison, que l'un de ces milliers de révolutionnaires insurgés, qui depuis longtemps, étaient armés, n'ait cherché un prétexte, d'allumer la guerre civile, en tirant un coup de fusil, sur le Général de la Garde Nationale, en criant Vive Napoléon!

Il y avait de la passion à nous accuser

aussi légèrement « D'avoir répandu la première goutte de sang dont ait été tachée la glorieuse révolution de février ». Et le Gouvernement ne devait-il pas voir, que c'était précisément sur les mêmes hommes, qui avaient fait cette audacieuce, et triomphante émeute de février, et qui, le 15 mai attaquaient l'Assemblée, et plustard, le 24 juin, répandaient le plus pur sang de la France, que devaient se porter ses soupçons, sa surveillance, et ses mesures de vigueur ?

Je me sens révolté, à l'idée de la comparaison, entre les Impérialistes et les Insurgés de cette époque.— Nos cris de Vive Napoléon, étaient des cris de joie, et non pas des cris de guerre civile ; on n'avait pas besoin de battre le rappel, car ils ne troublaient que le sommeil des méchants.

J'avoue avec franchise, que nous avons établi une grande agitation dans le pays, mais, cette agitation était légale, et ce qui en a fait le succès, c'est précisement le nom de Napoléon, parceque nous le présentions comme symbole d'ordre, de paix et de liberté.— Avons nous eu tort?— Nous sommes nous trompés, en ajoutant foi, aux paroles qui nous étaient données?— La nation s'est elle trompée avec nous?—La liberté et la paix, ne seraient-elles pas possibles, avec les Napoléon sur le trône? Ce serait fâcheux mais, ce serait à recommencer, parceque la France préfère la liberté et la paix, à un homme, à une famille.— Il est une vérité qu'on doit dire, c'est que si la France n'a pas voulu de la paix à tout prix, elle veut, bien moins encore, de la guerre à tout propos.

Qu'on me pardonne ces réfléxions. Je reprends la narration des faits.

On a vu que l'état de ma santé n'avait pas permis que j'apportasse à M. le Président de l'Assemblée, la seconde lettre du Prince, et naturellement, j'étais resté à Londres pour me soigner. Cependant je n'étais pas assez gravement malade, pour ne pas me présenter, tous les matins, chez le Prince, qui daignait me recevoir et s'entretenir des affaires publiques, particulièrement, de celles de nôtre pays. Entre les opinions diverses, qui blâmaient ou approuvaient la démission de Représentant du peuple, le Prince ne se prononçait pas; seulement par intervalle, il laissait entrevoir, qu'il n'avait pas renoncé à ses droits au Trône, ni à ses premières idées d'y arriver *par l'armée*.

Cette pensée me réjouissait, et j'étais loin de contrarier les idées du Prince, parcequ'en le rappelant de l'éxil, par l'élection qui venait de se faire, le peuple avait pour ainsi dire, sanctionné à l'avance, tout mouvement militaire, ayant le même but. C'eut été l'accord indispensable du peuple et de l'armée, pour renverser la République, et rétablir l'Empire, sans faire de halte.— Sur ce point, les idées du Prince étaient très justes, et il préparait en silence, les moyens de les mettre en pratique, lorsque l'insurrection de juin, est venu entraver ses projets. —

Je me disposais à retourner à Paris, lorsque le Prince me dit, de rester, qu'il avait besoin de moi.

En effet, le lendemain le Prince ouvrit la conversation, et fesant un résumé concis et clair, de l'état d'agitation où se trouvait l'Europe continentale, il en conclut, avec une grande justesse de raisonnement, que la Russie qui semblait être la limite du torrent révolutionnaire, ne pouvait pas permettre, que la révolution triomphat longtemps en Prusse et en Autriche, et comme le mal vient de France, ajouta le Prince, il est à présumer, que tout ce qui sera tenté, pour rétablir l'ordre et la stabilité dans notre pays, sera bien acceuilli de l'Empereur Nicolas. Je partageais complètement, la manière de voir du Prince, et je me permis d'exprimer :« Que si l'auguste Empereur de Russie, connaissait comme moi, combien le peuple francais, est opposé à la forme de Gouvernement, improvisé en février, et combien ce même peuple souhaite le rétablissement de la dynastie des Napoléon, Sa Majesté Impériale, nous donnerait certainement son appui, et c'était dans cet ordre d'idées et dans l'intéret général de la paix, que j'avais imaginé l'opération commerciale, que j'avais eu l'honneur de soumettre à S. A. I. le mois de mars dernier. — Il est à regretter, que V. A. n'ait pas voulu réaliser ce projet, qu'Elle avait daigné approuver ; je serais aujourd'hui, de retour de

S.t Pétersbourg et nos affaires seraient plus avancées.

« Et pourquoi n'iriez vous pas actuellement, me dit le Prince, le moment est bien plus favorable; l'élection m'a grandi considérablement, et comme vous avez été un des principaux acteurs, vous pouvez mieux que personne faire connaître la véritable opinion du peuple?»

La surprise me laissa un instant sans parole, mais encouragé par la bienveillance du Prince, à exprimer mon sentiment, je m'empressai de reconnaître la justesse des raisoñements sur lesquels se fondait le Prince. « Oui dis-je, les circonstances sont meilleures, le peuple vous rappelle de l'exil, non pas à l'égal des autres membres de la famille Impériale, mais comme héritier du trône de l'Empereur, vous étes à ses yeux, le représentant de l'ordre, vous avez ses sympathies, je le sais, je l'ai entendu et je l'entends chaque jour; on se ferait étrangement erreur, en Russie, si on voulait assimiler le mouvement des esprits qui se porte vers vous aujourd'hui, au calme qui s'est fait, lors des tentatives de Strasbourg et de Boulogne.

Aujourd'hui, chacun craint dans sa vie, dans sa fortune, on ne dort pas, on n'a pas de lendemain assuré, et l'on voit arriver avec effroi une catastrophe. On souhaite voir le Gouvernement, en d'autres mains, qu'en celles des révolutionnaires, et il n'y a pas de nom plus grand, plus glorieux, qui ait plus d'ascendant sur les masses, que celui qui porte V. A. I. et par conséquent, si l'Empereur de Russie, veut la tranquillité, le repos, chez ses voisins et chez lui, en Pologne, il doit souhaiter et vouloir, vôtre arrivée au Pouvoir en France.—Il n'y a pas d'autre solution, car aussi longtemps, que la république existera en France, les Etats de l'Europe, seront agités. Telle est la situation politique, mais j'avoue humblement, que je ne me sens pas de force à l'exposer de manière à convaincre, à entrainer, à enlever une décision favorable, et il est à regretter, une fois de plus, que M. de Persigny soit détenu, parcequ'il pourrait remplir mieux que moi, cette haute mission de confiance ».

Le Prince eut la bonté de me rassurer, par des paroles bienveillantes et qui étaient de nature à m'engager à partir; j'étais profondément ému, je ne pouvais pas refuser, et d'un autre coté, je craignais d'échouer, dans la négociation.— Certainement, dis-je au Prince, si je pouvais chaque jour m'inspirer de vos idées, recevoir vos instructions, comme font les ministres, auprès des Souverains, cela marcherait à merveille, mais, á une aussi grande distance, je crains, vraiment, d'être au dessous, et de la noble et grande tâche que je vais entreprendre, et de la très honorable mission dont V. A. I. daigne me charger ».

Le silence s'étant fait, le Prince, me dit, à demain.

Le lendemain, la conversation de la veille fut reprise, et l'on entra plus avant, dans le sujet délicat, de la mission dont S. A. I. daignait me charger; je m'excusais de nouveau, sur mon ignorance en politique, mais, le Prince insista, disant: « Il n'y a que vous, qui pouvez raconter les choses comme elles sont réellement en France, et par la raison même, que vous n'avez pas pris une part active, dans les événements politiques qui se sont accomplis, dans les dernières années, vos paroles auront plus de créance. » Le Prince s'absenta quelques minutes, et me laissa seul, avec M. Conneau, qui m'apprit, que c'était la *volonté du Prince*. Je n'avais plus d'objection, le voyage était décidé.

Lorsque le Prince rentra, et qu'il me demanda si j'avais réfléchi, je répondis que, mon hésitation à me charger d'une mission aussi dfficile, tenait seulement, à la crainte de ne pas être à la hauteur du sujet à traiter, mais que du moment, que S. A. I. m'en croyait digne, j'etais prêt à partir, en la priant de vouloir m'accorder, deux ou trois jours pour étudier la question, et pour me bien pénétrer de ses idées et de ses intentions.— Et bien, pensez y, me dit le Prince, et revenez demain.

Le lendemain, le Prince ouvrit la conversation et me demanda si j'étais plus rassuré.— J'eus l'honneur d'exposer à S. A. I. que mes méditations portées profondément sur ce point, m'avaient conduit à considérer le succès de la négociation, comme dépendant, principalement, de la manière de présenter les choses. Que si l'on ne traitait la question, que sous le rapport politique seulement, il y avait à craindre, une réponse évasive, mais que si en même temps, on proposait et on fesait ressortir les avantages d'une alliance commerciale de la Russie avec la France, dans le but d'établir entre les deux pays, des rélations intimes, pour le commerce de l'Asie centrale, par la Russie méridionale, et par la mer caspienne, on serait certainement écouté.

Ajoutons que l'entretien porté sur ce point, aurait l'avantage de dissiper les craintes de guerre que le nom de Napoléon inspire généralement. Le Prince ne pouvait en effet donner une preuve plus manifeste de ses intentions pacifiques, qu'en proposant et promettant de faire, aussitôt son arrivée au trône, une alliance avec la Russie, dans le but utile, de nouer des rélations commerciales, réciproquement avantageuses.

Cette proposition, qui caresserait les idées Russes, ferait admettre plus facilement les raisons que j'exposerai pour démontrer, que la France est monarchique, et que le peuple appelle de ses vœux, le rétablissement de l'Empire de préférence à la République.

Enfin, comme le gouvernement de l'Empereur de Russie, comprend l'importance d'attirer par son territoire, le commerce de l'Europe continentale, avec les Indes, il y avait lieu d'espérer, qu'en retour de cette promesse d'alliance, il ne se refuserait pas, à nous faire l'avance, de quelques millions de francs, avec lesquels nous pourrions promptement et sans effusion de sang, rétablir en France un gouvernement assez fort, pour arrêter le torrent révolutionnaire qui ravage l'Allemagne, et assez puissant, pour donner l'ordre, la paix, la stabilité, et ralier autour du trône impérial, toutes les intelligences du pays ».

Le Prince accueillit ces idées avec bienveillance; mais, il ne cacha pas ses appréhensions, à l'endroit du mécontentement que l'Angleterre éprouverait, de voir grâce à l'alliance commerciale de la France et de la Russie, s'établir entre l'Europe et l'Asie, des rapports plus intimes, plus actifs, plus directs.

Ce qu'entendant, je crus de mon devoir d'exposer franchement mon opinion, en rappelant, « Que la nation était devenue éminemment commerçante et industrielle, de militaire qu'elle était en 1816, et que ce serait une erreur funeste de la considérer autrement. Aujourd'hui, dis-je, au Prince, la France demande qu'on lui ouvre de nouveaux marchés d'échange, et qu'on la mette en rapport, avec de nouveaux consommateurs; or , de toutes les parties du monde , la plus peuplée, la plus riche par ses productions naturelles , c'est l'Asie. Pour y pénétrer, pour s'y établir, la Nation ne reculerait devant aucun sacrifice, quelque grand qu'il fut , et la guerre même, que le Commerce redoute si fort, serait acceptée, si elle était entreprise dans ce but ; mais, la France industrielle, ne verra qu'avec effroi et chagrin, toute guerre, dont le résultat, bien que glorieux pour nos armes, n'apporterait cependant pas , un avantage commercial d'une importance manifeste.

Qu'à ce point de vue, l'alliance avec la Russie, dut il en résulter une guerre, presentait de trop grands avantages , au commerce de la France avec l'Asie pour ne pas la conclure. En effet, l'Angleterre qui par sa route du Cap, et par ses nombreuses possessions, sur l'Océan Indien, a le monopole de commerce des Indes, cherche à le conserver, en affaiblissant la Russie, et en maintenant ce fantôme de puissance Ottomane, qui n'est une barrière, à l'agrandissement de la Russie, vers la Méditerranée, qu'à la *condition d'aller le défendre.* En conservant en Europe, et dans L'Asie Mineure, les Musulmans, l'Angleterre rend nulles, pour le commerce de l'Europe continentale, les *deux routes des Indes par la Turquie*, et en isolant, la Russie de la France, l'Angleterre met obstacle, à la direction du commerce de l'Europe avec l'Asie, par *les deux routes que la Russie possède.*

« Donc, l'affaiblissement de la Russie et le maintient de l'Empire Turc, augmentent la puissance de l'Angleterre, au détriment de la France, car n'oublions pas, que les nations les plus puissantes, les plus riches, sont, celles qui trafiquent directement avec l'Asie — Rome, Venise, Gênes, Amsterdam et Londres leur ont dû, tour à tour, leur grandeur et leur opulence.

Ce serait se faire grandement illusion, que de croire, qu'un agrandissement de nos frontières vers le Rhin, compenserait les avantages, que notre commerce peut faire avec la Perse, les Indes orientales, et la Chine, par la Russie et par la Mésopotamie. — Le commerce français ne s'y méprendra pas, son interêt est d'avoir des routes courtes et faciles, pour porter les produits de son industrie, dans les villes de l'Intérieur de l'Asie, et en rapporter, en échange, les matières premières, si nécessaire à nos fabriques. — Cette conquête, est la seule, à laquelle la France attachera du prix, et j'aime à penser qu'elle sera une des gloires de votre règne ».

Le Prince avait la bonté d'écouter mes idées, en souriant quelque fois, mais il ne répondait pas. Il continuait à fumer la cigarette, et ne disait pas un mot, sur cette question, considérable, de Constantinople, pour le cas, où l'Empereur Nicolas, en ferait la condition, de son adhésion, à la demande que j'allais faire au nom de S. A. I. Cependant, le jour *du départ*, le Prince daigna me donner, toute sa confiance, et je promis de m'en rendre digne.

Sans connaître, personnellement, M. le comte Orloff, aide de camp de S. M. l'Empereur de Russie, le Prince en avait reçu une lettre de compliment, au sujet de son écrit sur l'artillerie, et de là, s'étaient établi des relations, qui permettaient au Prince, de m'adresser à S. E. M le comte Orloff.

Avant de formuler la lettre de créance, le Prince écrivit deux canevas de lettres, dont il eut la bonté de me donner lecture. Je ne me trouvais pas muni de pouvoirs suffisants, pour traiter au nom de S. A. I. dans certaines éventualités posées, et prévues dans nos entretiens. Après avoir déchiré et jeté au feu, les morceaux de ces deux lettres, le Prince, se mit au bureau, en me disant : « Cette fois, vous serez content »

En effet, á la lecture que le Prince daigna me faire du contenu de cette lettre de créance, je me sentis ému, pénétré jusqu'au fond de l'âme ; le Prince me donnait toute sa confiance ! !

Avant de me remettre ce pli, que le Prince avait cacheté d'une aigle, S. A. I. passa, de son cabinet où nous étions dans le salon ; je le suivis — Il se plaça près la cheminée, et me remettant la lettre, il me dit, avec une émotion visible :

« Gardez avec soin cette lettre ; qu'elle

« ne vous quitte pas ; surtout, ne la per-
« dez pas. Si par malheur, elle venait à
« s'égarer, ce que j'écris serait connu et tou-
« tes mes espérances seraient perdues pour
« toujours. Vous la remettrez au comte Or-
« loff, *à lui même*, et si vous ne pouvez pas
« arriver jusqu'à lui, vous me la rapporterez.

Le Prince me *prit dans ses bras*, *m'embrassa sur les deux joues* (*des deux côtés*) puis, me serra fortement les mains ; et me sentant profondément ému, je m'inclinais, et sortis, sans pouvoir trouver une parole, pour remercier dignement S. A. de sa confiance et de son amitié.—Cinq heures après, j'étais en route.

La mission dont le Prince me chargeait était délicate et difficile.— Délicate, parceque les questions d'argent et de personnes, le sont toujours; difficile, parceque le Prince, n'avait à offrir que des espérances, qu'il était en éxil, que son mérite était méconnu, et que, l'insuccès de ses équipées de Forli, de Strasbourg et de Boulogne l'avait fait considérer, comme un esprit facile à se jetter dans les aventures, et par conséquent, peu sérieux.

Il fallait donc:

1.° Elever bien haut, le succès de cette première élection du Prince, en faire ressortir les heureux résultats, en démontrant, que c'était principalement, comme neveu de l'Empereur, et son héritier direct au Trône, que le Prince avait été nommé, par les hommes d'ordre de l'opinion monarchique, et que sa démission, n'avait d'autre but, que de sauvegarder tous ses droits.

2.° Démontrer la fausseté et la malveillance des bruits répandus sur les facultés du Prince, et faire l'éloge vrai, de son mérite personnel.

3.° Ecarter de la conversation, chaque fois qu'on l'y placerait, le souvenir des tentatives de Forlí, de Strasbourg et de Boulogne, en présentant ces essais impuissants de soulèvement, comme l'élan d'une âme généreuse, remplie de patriotisme ; enfin il fallait cacher, sous le voile d'un devoir envers la France, les fautes que l'ambition du Prince, lui avait fait commettre.

Ensuite, il fallait faire passer, dans l'esprit de l'Auguste Majesté Nicolas, Empereur de toutes les Russies, la conviction, que le Prince Louis Napoléon, était fidèle dans ses promesses, franc et sincère dans ses alliances, et qu'en donnant sa parole de Prince, il engageait, sa parole d'Empereur des français.

Et, sans cela, comment arriver à une entente, pour replacer la croix, sur le dôme de S.te Sophie!

Aujourd'hui, que le Prince règne, qu'il

est tout puissant, les missions sont faciles. Les ambassadeurs ont bien peu de chose à faire, à dire; ils sont écoutés, rarement contredits, et souvent loués. Le travail leur arrive, tout fait, des Tuileries, et les grandes questions, qui touchent aux changements de gouvernements, se traitent, se décident, au dessus de leurs têtes.

En était-il de même, dans la mission dont le Prince me chargeait? Evidemment non.= Il y avait en France, un gouvernement établi, auquel le Prince lui même, avait prêté serment. Ce gouvernement avait la plus belle armée du monde, aguerrie par dixhuit années de combats glorieux en Afrique, et á la tête de laquelle se trouvaient les plus grands généraux. Ce gouvernement qui était la République, n'était pas une fiction, il avait des Ministres accrédités, dans toutes les Cours étrangères, il était en paix, avec toutes les puissances, et aucun symptôme de guerre civile, ne se montrait dans l'intérieur du pays. Et bien, ma mission consistait à démontrer, à persuader, qu'on pouvait renverser ce Gouvernement, et rétablir immédiatement l'Empire, si nous avions à notre disposition, la somme, que je demandais à S. M. l'Empereur de Russie, de vouloir bien avancer, au Prince Louis Napoléon Bonaparte.

S. A. m'a fait l'honneur de me croire capable, de mener à bonne fin, une affaire aussi difficile. Elle m'a donné ses Pouvoirs, Elle m'a chargé de cette grande et haute mission, je l'en remercie de nouveau profondément, et je la prie de croire, que rien n'est changé dans mes facultés ; que je suis aujourd'hui, ce que j'étais en 1848.

Ajoutons, en terminant, que si les événements ont justifié mes prévisions sur le rétablissement de l'Empire en France, il n'en est pas, encore de même, de la question commerciale, que j'avais soumise au Prince, avant mon départ pour Saint Pétersbourg. Si, l'entrevue des deux Empereur à Stuttgard, avait réalisé, les espérances que le Commerce des deux peuples en attendait, nous saurions aujourd'hui, si mes idées sur l'extension á donner à notre commerce en Orient et sur le besoin d'une nouvelle route des Indes, sont aussi justes, que mes idées en politique l'ont été; mais, comme de cette entrevue, d'où devait sortir des résultats si grands, si féconds, pour la prospérité du commerce de la France, et de la Russie, on n'a connu, que le programme des fêtes, et le menu des dîners, je crois de ma dignité blessée, par l'oubli qu'on a fait de mes services, de fournir la preuve, que les idées que j'ai émises à ce sujet, sont l'expression des besoins, et les voeux du commerce français.

Cette preuve, se trouve dans les lettres, que les principales Chambres du commerce de France, m'ont fait l'honneur de m'adresser, en réponse à l'envoi d'une mémoire.

Voici la copie de quelques unes de ces lettres.

CHAMBRE DE COMMERCE DE NIMES.

« Nimes, le 8 mai 1855,

« *Le Président de la chambre de com-*
« *merce de Nîmes,*

» A monsieur Aristide FERRERE, à Paris.

» Monsieur,

» Je viens, au nom de la chambre que
» j'ai l'honneur de présider, vous remercier
» de l'intéressante communication que vous
» avez bien voulu lui adresser.

» La chambre de commerce de Nîmes, » apprécie les heureuses combinaisons, du » projet vaste et fécond que vous avez con- » çu; il lui parait réunir le double avantage » de contribuer aux progrès de la civilisation » et de favoriser le développement de la » prospérité commerciale de la France.

» La chambre fait des vœux sincères » pour le succès de votre entreprise, dont » elle apprendra avec satisfaction la réalisa- » tion prochaine.

» Agréez, monsieur, l'assurance de ma » considération la plus distinguée.

» Signé: N. BRUNEL. »

CHAMBRE DE COMMERCE DE LILLE.

» Lille, le 26 février 1855.

» A monsieur Aristide FERRERE, rue de
» Las-Cases, n° 10, à Paris.

» Monsieur.

« J'ai mis sous les yeux de la Chambre » de commerce de Lille la lettre que vous » m'avez fait l'honneur de m'adresser le 2 » de ce mois, ainsi que la brochure qui l'ac- » compagnait, et dans laquelle vous avez » établi les bases d'une société anonyme à » former pour le commerce de l'Europe avec » l'Asie Mineure, *la Perse* et *les Indes orien-* » *tales*.

» Ainsi que vous l'avez pensé, la Cham- » bre devait se montrer sympathique aux » efforts qui sont faits pour étendre nos re-

» lations et créer à notre production de nou-
« veaux débouchés.

» Elle vous remercie de votre intéres-
» sante communication, ainsi que de l'ini-
» tiative que vous avez prise pour la forma-
» tion d'un établissement dont la prospérité
» peut imprimer une activité nouvelle au
» travail manufacturier.

» Agréez, monsieur, l'assurance de mes
» sentiments distingués.

» Pour le Président de la Chambre em-
» pêché,

» *Le vice-président*,

» Signé: AUXELLE. »

» Bordeaux, le 31 mars 1855.

» *Le président de la Chambre de Com-*
» *merce de Bordeaux*,

» A monsieur A. Ferrere, à Paris.

» Monsieur,

» La Chambre de Commerce de Bordeaux » a reçu dans le temps la lettre que vous » avez bien voulu lui adresser le 4 février, » ainsi que le Mémoire que vous nous an- » nonciez, relatif à la formation d'une Com- » pagnie, qui aurait pour but, la création de » rélations commerciales entre la France et » la Perse.

» Les divers membres de la Chambre » ont pris successivement connaissance de ce » document; sa lecture les a intéressés.

» Nul doute que tout ce qui tendra à » ouvrir de nouveaux débouchés aux pro» duits agricoles et industriels de la France » ne soit choses des plus utiles et des plus » dignes de sympathie: nous regarderons » toujours d'un œil favorable les tentatives » faites pour amener les nombreuses popu» lations de l'intérieur de l'Orient à entrer » en relations mercantiles avec nous. Malheu» reusement, la situation géographique de » Bordeaux, la nature des marchandises sur » lesquelles s'exerce plus spécialement son » activité commerciale, ne donnent guère » l'espoir de le voir entrer en rapports suivis » avec l'Asie Mineure et la Perse.

» Je désire vivement, monsieur, ainsi » que mes collègues, que la voie nouvelle » vers laquelle vous vous proposez de diriger » les exportations de la France soit féconde » en résultats avantageux que le temps déve-

» loppera de plus en plus, et je vous pré-
» sente l'assurance de ma considération di-
» stinguée.

» L. DUFFOUR-DUBERGIER. »

Ces lettres, renferment la preuve incontestable, que mes idées sur l'extension à donner à notre commerce en Asie, sont partagées par les hommes les plus compétants, par les organes du commerce et de l'industrie.

Donc, sur cette question, comme sur celle de la possibilité du rétablissement de l'Empire, j'ai vu juste, et je n'ai donné que de bons conseils au Prince.

L'historien remarquera, qu'il y a eu dans la vie du Prince Louis Napoléon, deux époques, oú sa conduite a étè toute différente — on dirait, deux personnes en une.

— En effet, de 1831 à 1846 nous voyons le Prince, se jeter dans les avantures, prendre au sérieux, les germes de révolutions éclos dans le cerveau de quelques exaltés, pilliers des sociétés secrètes, et faire des sacrifices d'argent considerables pour pousser á la révolte, et au soulèvement, les populations paisibles et les troupes fidèles.

Pendant cette première pèriode de temps, le Prince échoua dans toutes ses entreprises. Il acquit une triste célébrité, il eut à souffrir dans sa réputation qu'on noircissait, dans son mérite, qu'on contestait, et dans sa liberté, qu'il ne recouvra que par l'évasion. — La presse et les écrivains de tous les pays, ne le menageaient pas, et à l' exception de quelques rares amis, le monde le décriait et l'abandonnait.

Dans la seconde époque de sa vie, de 1846 à 1851, on voit le Prince changer doucement de conduite. Ses actions paraissent réfléchies, et aucune ne manque son but. L'opinion publique lui revient, et la fortune séconde ses projets, et couronne son audace.

Quelle est la cause de ce changement de conduite ? à quoi doit-on l'attribuer ?

C'est ce que je ferai connaître dans le II.e volume.

FIN DU PREMIER VOLUME.

ELECTIONS DE LOUIS NAPOLEON BONAPARTE
5 Juin
19 Septembre
10 Décembre
1848.

www.ingramcontent.com/pod-product-compliance
Ingram Content Group UK Ltd.
Pitfield, Milton Keynes, MK11 3LW, UK
UKHW020436200726
13857UKWH00002B/450

9 782011 740205